JN108247

教師のコミュニケーション大全

三好真史
［著］

東洋館出版社

はじめに

過去と他人は変えられないが、
未来と自分は変えられる（エリック・バーン）

コミュニケーションは、教職の基本である。

「本当は、もっと子どもとうまく関われるはずなのに」
「なぜ、同僚は私の言うことを理解してくれないのか」
「いつも、言いたいことが保護者に伝わらなくて悲しい」

そんな悩みを抱えていませんか？　教師にとって、授業や実務がこなせることは大切です。それと同じくらい、「人間関係を築く」ことも大事にしなければなりません。なぜなら、教師という仕事には、授業においても、学校行事においても、懇談会においても、「人とのコミュニケーション」が関わってくるからです。

つまり、いくら授業ができても、実務ができても、コミュニケーションが上手くいかなければ仕事にならないのです。

読者の方の中には、コミュニケーションの質を高めることに「価値がない」「面倒くさい」「イヤだなあ」などと思っている人がいることでしょう。

また、「人見知り」「子どもから好かれにくい」「苦手なタイプの人がいる」などと悩んでいる人もいることと思います。そんな方にこそ、コミュニケーションのレベルを高めることの効果を知ってもらいたいと思います。

コミュニケーションについて学ぶと、このようなことが起こります。

- 教師に対する印象や評価がガラリと変わる
- 授業が驚くほどやりやすくなる
- 苦手な同僚がどんどん減っていき、人間関係で悩まされなくなる
- 保護者の方と良好な関係が築ける
- 管理職に振り回されなくなる
- 表情や気持ちが明るくなり、人生が充実して感じられる

このように、コミュニケーションという枠を超えて、生き方そのものに大きなよい影響を及ぼしてくれるのです。

私は、人間関係を主とする心理学について学び、教員や一般の方々を対象としてセミナーを行ってきました。

コミュニケーションについて考えるには、様々な分野から学ぶ必要があります。交流分析、コーチング、カウンセリング、アドラー心理学、ゲシュタルト療法・アサーションなどなど……

これらの考え方や理論をまとめ、一冊の書籍にまとめました。

教師の仕事をするうえで関わる人は、大きく分けて「子ども」「同僚」「保護者」です。それぞれとの関わり方や、うまくいかないときの対策について、できるだけ詳細にまとめました。

教師としてやっていく中で「何かがうまくいってないな」とか「なんとかならないかな」とか、「もう、わからない！」などと悩むこともあるでしょう。

でも、上手くいかない対人関係には、必ず解決方法があります。

コミュニケーションについて学び、新しい人間関係の構築を目指しましょう。

目次

第4章　同僚との関わり方

第6章　教師のあり方を見直す　167

第7章　クラスをまとめるコミュニケーション　215

第9章　クレーム対応　257

第10章　コミュニケーションがうまくいかないときの対処法　289

本書の使い方

好きなページから読み始めて大丈夫

この本は、最初のページから読み進めても、目次を見て興味のあるテーマから読み始めても学びが得られるように作成しています。

仕事をする中でうまくいかないことがあったとき、袋小路にはまってしまったと感じているとき……そんなときに読み進めると、その出来事が客観的に見えたり、隠れている原因や問題解決の糸口に気づいたりするきっかけになるかもしれません。

まずは、目次を開き、好きなところから読み始めてみましょう。

教師としての自分探しや、新しい自分の発見、日常の悪循環からの脱出のために、自分を癒したい人にも効果のある内容となっています。

自分を変える第一歩を

私たちが毎日行っている様々な選択や行動は、知らず知らずのうちにコントロールされています。しかも、コントロールされている心理現象は「今のままでいようとすること」がほとんどです。「失敗したくない」「大きな過ちを犯すよりは、今の方がマシ」という心理が働いてしまうのです。でも、そのままだと、いつまでたっても「今のままの自分」「今のままの生活」です。

逆に考えてみましょう。

自分を変えられない理由が「今の自分を捨てられないから」ということであれば、「今の自分を捨てれば」、つまり「これまでの毎日とは異なる選択と行動をすれば」、あなたの教師人生は大きく変えられるということです。

これは、「今の自分を否定」するのではありません。今のあなたの状況は、これまであなたが積み重ねてきた選択と行動の結果なのです。**これから、あなたが「今とはちがう新しい自分」になろうというのであれば、選択と行動を変えて、新しい結果を手に入れればいいのです。**

さあ、新しい自分への第一歩を踏み出しましょう。

第一章

コミュニケーションの基礎基本

人間関係づくりの基礎基本

言葉は、「すごくいいこと」を言っている。それなのに、なぜか子どもや同僚、保護者に好かれない教師がいます。一方で、月並みな授業・発言しかしていないのに、不思議なほどに同僚や子どもに好かれる教師もいます。

いくらよい学びを提供できていたとしても、コミュニケーションの方法を間違えてしまうと、人を遠ざけてしまうことになります。大切なのは、「人は誰もが自分のことが一番大切であり、自分に一番興味がある生き物である」ということです。

想像してみましょう。

みんなで写った集合写真をもらったときに、真っ先に見るのは何でしょうか。

「自分の顔」ですよね。

集合写真が手元に届いて、他人の顔を確認する人は滅多にいません。誰でも、自分のことに一番興味があるもの。

つまり、相手にとって一番興味がある「相手自身」のことを主役にすれば、自然に相手の感情は高まっていくのです。「自分を主役にしてくれるあなた自身のことを好きになる」という心理です。

本来、誰もが自分のことを認めてほしいし、自分のことをわかってほしいと熱望している。だから人は、「自分のことをわかってくれる人」のことを好きになるのです。

では「わかってくれる」とは、相手側のどのような行為なのでしょうか。これは次の4つにまとめられます。

①尊敬する
②関心を寄せる
③共感する
④信頼する

この4点から、ほかの人との関係づくりを考えるにあたって、自分自身のあり方から見つめなおしてみましょう。

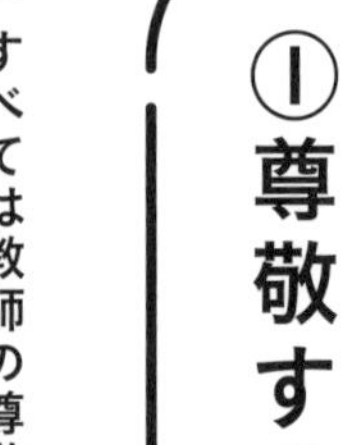

① 尊敬する

すべては教師の尊敬から始まる

あなたは、学級の子ども達のことを尊敬することができていますか？

こんなことを言えば「『仰げば尊し』なんて歌もあるくらいなんだから、子どもが教師を尊敬するんだろう？　教師が子どもを尊敬するなんて……」と、考える先生もいるかもしれません。

でも、学級では、まず教師が子ども達に対して「尊敬の念」をもつことから関係づくりが始まります。

役割として、「教える側」に立っている人間が「教えられる側」に立つ人間のことを敬うのです。

「尊敬とは、その人が、その人らしく成長発展していけるよう、気づかうことである。」

これは、社会心理学者エーリッヒ・フロムの言葉です。**目の前の子どもを、変えようとも操作しようともしない。何かの条件をつけるのではなく、「ありのままのその人」を認める。**これに勝る尊敬はありません。

「他者を操作しようとする態度」とか「矯正しようとする態度」には、尊敬がないのです。もし、誰かから「ありのままの自分」を認められたなら、その人は大きな勇気を得ることでしょう。尊敬というのは、いわば「勇気づけの原点」だと言うことができるでしょう。

独裁の限界

仮に、教師が、「強権的な独裁者」だとします。力によって、あるいは恐怖によって、有無を言わさずに従わせようとしたとします。たしかに、それで子ども達は言うことを聞くことでしょう。子どもは従順な素振りをしてみせます。周りから見ても、「あの先生がいれば、子どもは言うことを聞いておとなしくなる」と一目置くかもしれません。

でも、それは権力に「服従」しているだけなのです。

それは、子どもの胸に拳銃を突きつけて動かしていることと、大して変わりありません。子どもにしてみれば、「教師の言うことを理解しよう」なんて、微塵も考えていません。考えているのは、「いかに自分の身を守るか」ということだけになります。仮に1年抑えられたとしても、翌年ちがう教師が受けもてば、あっという間に元通りになってしまうことでしょう。いや、抑えられていた分、爆発してしまうこともあり得ます。この悪循環に陥ってしまうのは、「教師が子どもを尊敬していないから」なのです。

全ては、教師が子どもを尊敬することから始まるのです。

……とはいえ、尊敬することは簡単ではありません。なぜなら、尊敬とは、言葉のみでなされるものではないからです。言葉や態度などから、本能的に感じられるものなのです。

子どもは、敏感に「嘘」や「打算」を察知します。

「この人は嘘をついている」と気づいた瞬間、もうそこに尊敬は生まれなくなります。子どものありのままを認め、心から尊敬できるようになりましょう。

ポイント **学級の子ども達を尊敬する。**

②関心を寄せる

子どもの関心は、今どこにある？

「子どもの興味」に関心を寄せましょう。ありのままの「その人らしさ」を受け入れ、尊重する。相手の尊厳を守りつつ、関心を寄せていく。その一歩として、「子どもの興味」に関心を寄せましょう。

例えば、子どもが、教師には理解できないような遊びをしていたとします。あるいは、いかにも子ども向けのキャラクターに夢中になっているとします。

多くの教師は、「そんなことをしても、意味がないのに」とか、「もっと勉強の役に立つことをすればいいのに」などと、眉をひそめてしまうものです。

そして、「もっと役に立つもの」とか、「価値のあるもの」を与えようとします。

教師の方に、悪意があるわけではありません。

「将来のことを思えば、やめておいた方がいい」とか「そんなことより、こっちに熱中したほうがいい」だとか、「子どものためを思って」そうしているのです。

しかし、これは一切の「尊敬」を欠いた、子どもとの距離を遠ざけるだけの行為です。なぜなら、子ども達の「自然な興味・関心」を否定しているからです。

教師の目から見て、それがどれだけ低俗なものであったとしても、まずは「それがどんなものなのか」から理解しようとしてみましょう。そして、自分もやってみて、場合によっては、共に遊ぶようにしてみるのです。

子どもの興味に「関心を寄せること」が、対人関係で求められる第一歩なのです。

わからないなら、聞いてみる

「うーん、子どもの関心なんてわからないなあ……」という人は、アンケートや、自己紹介カードを書かせてみましょう。

あるいは、子どもに「最近、どんなことに熱中しているか」と尋ねてみるのもいいでしょう。

持ち物に描かれているキャラクターに注目してみます。

アニメやアーティストなど、その子どもの興味・関心がわかるはずです。

私は、子どもが「好きだ」と言っているテレビアニメなどをこまめに確認しています。ＹｏｕＴｕｂｅなどもチェックしています。

授業の合間に、それらの情報をちりばめたら、子どもは目を輝かせます。

「昨日、〜について見たんだけど、詳しく教えてくれないかな？」と聞けば、たいがいの子どもは前のめりで教えてくれます。

まずは、子どもの興味・関心に目を向け、そこから関係を構築していきましょう。

ポイント **子どもの興味・関心がどこにあるのかを捉える。**

子どもの関心に目を向ける

③共感する

子どもの立場になって考える

私たちはなかなか「主観」から逃れることができません。子どもの気持ちに寄り添おうとしても、どうしても教師の側から考えてしまいがちなものです。

「君は、どうしてそんなことをするんだ！」
「そういうことは、やっちゃいけない！」

共感ができなければ、そんな否定的なメッセージを送ってしまいがちです。

そこで、「もしも自分が子どもと同じ種類の心をもち、同じ人生を送っていたら？」と考えてみましょう。

彼と年齢も同じ、性別も、家族構成も、友達関係も、性格も、全く同じ人間になったと想像してみます。すると、「きっと自分も、この子と同じような課題に直面するだろう」と理解できるはずです。さらにそこから「きっと自分も、この子と同じようなやり方で対応するだろう」と想像することもできることでしょう。

例えば、まったく勉強しようとしない生徒がいたとします。

ここで、「なぜ勉強しないんだ？」と問い正すのは、尊敬を欠いた態度だと言えます。

そうではなくて、まずは「もしも自分が彼と同じ心をもち、同じ人生を送っていたら？」と考えるのです。

つまり、「自分が彼と同い年で、同じ家庭に暮らし、彼と同じ仲間に囲まれ、彼と同じ興味・関心をもっていたら……」というように考えるのです。

そうすれば、「その自分」が、勉強という課題を前にして、どのような態度をとるのか、なぜ勉強を拒絶するのかが想像できるはずです。

このような態度を、「共感」と呼ぶのです。

子どもの立場に共感する

子どもの心で感じとる

アドラーは、好んで次の表現を使ったとされています。

「他者の目で見て、他者の耳で聞き、他者の心で感じること。」

子どもの目になり、教室を見渡してみましょう。

何が見えますか。

どんな気持ちになりますか。

子どもの立場になったつもりで、心情を捉えてみましょう。

そうやって、教師の側からではなく、子どもの側から、子どもの気持ちを考えてみましょう。

ポイント **もしもあなたが「気になるあの子」の立場なら、あなたはどう感じますか？**

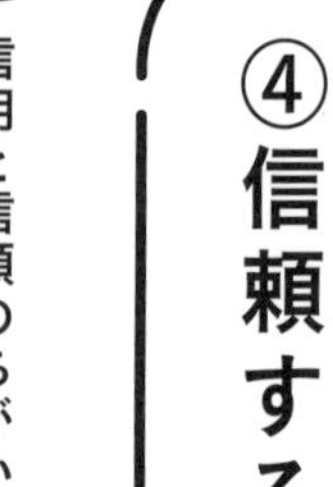

④信頼する

信用と信頼のちがい

信じることには、「信用」と「信頼」の2種類があります。

仕事の関係とは、「信用」の関係であり、交友の関係とは「信頼」の関係です。

仕事の関係とは、なんらかの利害、あるいは外的要因が絡んだ、条件付きの関係です。

例えば、たまたま同じ職場にいるから協力する。

人格的には好きではないけれども、取引先の人間だから関係を保ち、助けもする。

しかしながら、仕事から離れてまでその関係を保とうとは思わない。

これは、仕事という利害によって結ばれた「信用」の関係です。

個人的な好き嫌いを問わず、関係を結ばざるを得ません。

その一方で、交友には「この人と交友しなければならない理由」が一つもありません。利害もなければ、外的要因によって強制される関係でもないのです。

ふるさとに帰って、たまに会って近況を語らうような仲は、まさに信頼の関係と言えるでしょう。その人のもつ「条件」ではなく、「その人自身」を信じているのです。

交友とは、明らかに「信頼」の関係なのです。

ありのままのその人を尊重する。

あなたはあなたのままでいい。特別である必要はない。

尊敬していない相手のことを信頼することはできません。

他者のことを信頼できるかどうかは、尊敬できるか否かにかかっています。

「信頼」をベースに、子どもと向き合う

「信用」をベースにした関係では、生徒を尊敬することはできません。

「クラスの生徒だから、面倒を見ている」というような態度になるからです。

信頼をベースに、子どもと向き合ってみましょう。

教師と子ども達は、偶発的な要因によって、たまたまその場に居合わせただけの関係なのかもしれません。

でも、教師から先に信じるのです。

本当の信頼とは、どこまでも能動的な働きかけです。教師からの信頼があり、それでようやく子どもも、もしかすると教師のことを信じてくれるようになるかもしれないのです。

「馬を水辺につれていけても、水を飲ませることができない」ということわざがあります。信じてくれるかどうかは、子ども次第なので、わかりません。

それでも、「無条件の信頼」を、子どもに寄せていける教師になりましょう。

子どもを信頼し、それではじめて、子どもからも信頼が返ってくるかもしれない、ということなのです。

子どもとの関係づくりは、無条件の信頼から始まるのです。

ポイント　教師の立場から、子どもを「信頼」することができていますか?

信用と信頼のちがい

コラム　子どもの呼名のバリエーション

教室で子どもを呼ぶときに、どのような呼び方をしているでしょうか。

子どもをやる気にするためには、呼び方にバリエーションをもつことです。

例えば、男子には「彼」、女子には「彼女」と呼んでみる。

「彼のやり方を見習いましょう」「彼女のようにやってみましょう」というように、大人扱いすることによって、子どもの自尊心が高まります。

また、叱るときには、「君は、そういうことをするのか」もしくは「あなたは、それでいいと思っているの」など、「君」と「あなた」を使います。

授業中においては、フルネームで呼ぶことによって、落ち着いた雰囲気を醸し出すこともできます。子どもは、「大人」の扱いを受けることで喜びます。

いつも呼ばれている名前とはちがう形で呼ばれることで、子どもに「特別感」をもたせるようにするのです。ほんの小さな工夫ですが、たったこれだけのことで、子どもに指示や指導が伝わりやすくなるものです。子どもの呼び方に、一工夫を加えてみましょう。

第2章

授業中の話し方

オノマトペを使う

擬音語で表現する

テレビ番組で芸人やタレントさんたちが「最近あったおもしろい話」をしている姿を見かけることはありませんか。

よく話を聞いてみると、彼らの話はすべて「特別おもしろい話」をしているわけではありません。誰でも経験するようなことを切り取っているのです。でも、これをうまく話すことで、おもしろく聞こえるようにしているのです。

どうすれば、おもしろく聞こえるようになるのでしょうか。

そのテクニックの一つが、「オノマトペ」です。

オノマトペは音や感情の様子などをあらわす擬音語です。

オノマトペを使うことで、言葉の勢いやニュアンスを出しやすくするのです。

また、オノマトペと、さらにその言葉に合わせた身振り手振りを使うことで、話に臨場感をもたせることができるのです。

例えば、「名前は、大きく書いてください」では、「大きく」のイメージがわきません。

「名前は、ドーンと大きく書いてください」

ほかにも、このようなオノマトペがあります。

・スッと静かに手を挙げましょう。
・パーッと、大きな声を出してみましょう。
・グッと力をこめてみましょう。
・ピーンとひらめいた人はいますか。
・本音が、ポロッと出てしまいましたね。

このように文章を区切り、テンポよく話を繰り出すことが理想です。

ポイント **オノマトペを用いて伝える。**

例え話を使う

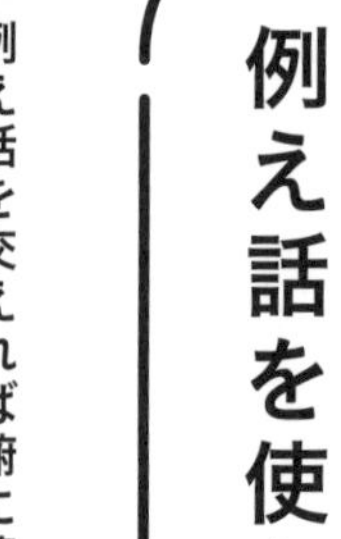

例え話を交えれば腑に落ちる

話し上手な先生は、何かを説明するときに、「例え」を交えて語ります。

大人には、これまでの経験や体験がありますので、抽象的な指示も理解できます。

でも、子ども達には、経験が足りないのです。

そもそも子ども達は人生経験が少なくて、想像することができなくてわからないのです。

経験の少ない子ども達へわかりやすく伝えるためには、「例える力」が必要です。

同じ内容の事柄を、子どもに伝わるように言い換えるのです。

例えば、ゆっくりと字を書かせたいときに、「ゆっくりと書きましょうね」と言っても、なかなか伝わりません。

子どもによって、ゆっくり書くイメージが異なるからです。

そこで、**「かたつむりくらい、ゆっくりの速さで書きましょうね」**とすれば、どうでしょう。これだと、かたつむりのイメージは、ゆっくりのっそりとしていますので、イメージを伝えることができます。

子ども達にとって、イメージしにくいことを、子ども達のイメージしやすい身近なもので例えるのです。

「例えば、□△○のように取り組もう」と例を入れれば、子どもも教師の言っていることがイメージしやすくなります。

例え話の例　「V字飛行編隊」

また、子どもに印象を残したいときも、例えを使うと効果的です。

例えば、私は学級開きでは、「渡り鳥のようなクラスにしていきたい」と伝えます。子ども達は、「渡り鳥?」と首をかしげます。

そこで、次のように語るのです。

渡り鳥は、季節が変わると、海を渡って別の大陸へ移動します。Vの字になって海を渡っていくのです。これを、V字飛行編隊と呼びます。こうして飛ぶことによって、上昇気流が起こります。1羽で飛ぶときの70％の力で進むことができるのです。

……でも、時々、この群れからはぐれてしまう鳥がいるのです。海の上には、とまるところがありませんから、群れからはぐれてしまうことは、死を意味するのです。さて、ここでほかの鳥は、どのように行動すると思いますか。①助けに行く　②待つ　③無視する

ここで子ども達は、思い思いの考えを述べます。

実は、①助けに行く　なのです。……といっても、全員で助けに行くわけではありません。近くの数羽が助けに行き、元のV字のところまで引き戻してあげるのです。こうして、みんなで助け合いながら、海を渡っていくのです。

一息ついてから続けます。

クラスも、渡り鳥のようになって進みましょう。

この1年を過ごす中で、「勉強についていけない」とか、「運動ができないよ」などといって、困る人があらわれることでしょう。群れからはぐれてしまう鳥のように。これを、助けに行くのは、誰でしょうか。
そうですね、近くの班の人なんかが、助けに行けるといいですね。
そうやって、みんなで助け合いながら、1年間を過ごしていきましょう。

このような例え話をすると、子ども達は話に引き込まれるように聞き入ります。映像化して捉えることができるため、聞き手の理解が進むのです。

ことわざや、イソップ物語などは、例えを通じて子ども達に教訓を伝えているものばかりです。これらの中から選びとり、諭すのもよいでしょう。

なお、例え話で困ったときには、拙書「子どもが変わる3分間ストーリー」をオススメします。

ポイント
伝えたいことを、例え話で伝えてみる。

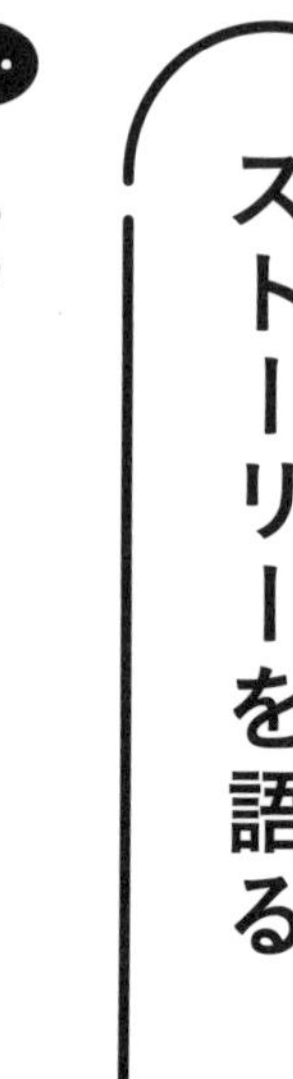

ストーリーを語る

4つのF

子どもを「その気」にさせるには、「いかに素晴らしいことなのか」だけにフォーカスしていても成功しません。

子どもが苦労しているような課題や問題意識を察知し、「いかに教師たちもその苦労を経験し、乗り越えてきたか」を語るのです。そうすることで、子どもは「この人は、私たちの苦労を理解してくれている」と共感し、ようやく動くのです。**教師の人生における「ストーリー」を語るのです。**

いかなるストーリーにおいても、「4つのF」のいずれかの要素を組み込んでいくことが大切です。

4つのFとは、次の通りです。

①Failures（失敗）
②Flaws（欠点）
③Frustrations（フラストレーション、不満、苦悩）
④Firsts（初めての経験）

このような4つのFのような話を聞くと、親近感が湧き、「自分にもできるかもしれない」「それをやってみよう」と思うようになるのです。

自分のストーリーを伝える

例えば、「挨拶の大切さ」について語りたいとき。教師は、自分自身が「挨拶」で失敗したような経験を考えます。アルバイト先の人が、挨拶をしなくてお客さんにクレームを入れられた話でもいい。初めて誰かに自分から挨拶をするときの話でもいい。私はいつも、「高校生のときの話」をします。次のような話です。

みなさん、挨拶は自分からするようにしましょう。……と言っても、朝は眠いですよね。実は先生も、子どもの頃は、自分から挨拶をする子どもではありませんでした。ただね、高校に進んで、その学校の先生が、『挨拶は自分からするものです！』って厳しく言う先生がいてね。とっても怖かったんですね。それで、しぶしぶ自分から挨拶をするようになりました。眠いけど、自分から、『おはようございまーす』ってね。周りの人も、そうだった。気が付けば、学校中が、誰かに出会ったら挨拶をするような学校になっていたんです。すると、学校に来るお客さんが、口をそろえていうようになりました。

『この学校は、気持ちのいい学校ですね。足を踏み入れるだけで、どの生徒も必ず挨拶をしてくれる』って。そのとき、挨拶というのは、人の心につながりをもたらすものなんだなって思ったんです。この教室でも、みんなが挨拶をできるクラスになればいいな、と思うのは、そういう先生の経験があるからです。眠い気持ちもわかるけど、自分から一言『おはようございます』と言えるようになってほしいなと思うのです。

生まれたときから価値観をもっている人はいません。その価値観を得るまでのストーリーがあるはず。あなたの人生から、子どもにとって価値あるストーリーを抽出して語りましょう。

ポイント　伝えたいことを、ストーリーに仕立てて語る。

ワン・ビッグメッセージを伝える

メッセージは何か？

どんな子どもへの語りでも、「この1点だけは子どもに伝えたい」というメッセージがあるものです。

その「たった1つの大事なメッセージ」を、「ワン・ビッグメッセージ」と呼びます。

子どもの心を動かすためには、話しの最初から最後まで全体を通して、このワンビッグメッセージが一貫して明確に伝わっていることが大切なのです。

学級の40人が聞いて、40人全員が「今の先生のメッセージは○○だったね」と同じことを言えるスピーチが、最もよいのです。そのためにすべきことは、まず教師が、伝えたいことを一つのメッセージに絞りこむことです。

「伝えたいメッセージを20字以内で凝縮する」ようにしてみましょう。

このルールを決めておくと、本当に言いたいことだけを徹底して絞り込むことになります。絞り込んでいるからこそ、異なる解釈を与える余地のない、圧倒的に伝わるメッセージに仕上がるのです。

例えば、物を整えることの大切さについて伝えたいなら、「物をそろえることは、心をそろえることです」というように、メッセージにまで絞り込む。そして、話の随所にエッセンスをちりばめるようにするのです。短いメッセージのために、覚えやすくなり、子どもの脳裏にも焼き付きやすくなっているのです。

ポイント　**伝えたいメッセージを、20文字以内でまとめる。**

全員が同じことを言えるスピーチが最も良い

1人2役で演技する

1人で2役を演じて話す

教師の身近に起こったことで、子ども達に伝えたい話なのに、なぜか聞いてくれないことがありませんか。

このようなときは、「一人芝居」が有効です。実際に起こった出来事を話すときには、一人芝居をやってみるとよいでしょう。

会話文を伝えるようにします。そのまま誰かのふりをして、会話をしてみせるのです。立ち位置を変えて、あたかもその人がそこにいて話しているかのように振る舞うのです。

きっと、子ども達の目線が一気にこちらに向くのが感じられるはずです。

ポイント **面白かった人とのやりとりを、話し言葉にして伝える。**

1人2役で演技する

ダラダラ話すと飽きてくる
昨日、先生のお母さんが100円のチョコレートを3つ買ってくるように言ってきたんだよ。
2役になれば惹きつけられる
ねえ、100円のチョコレートを3つ買ってきてくれない？
いいけど、それっていくらなの？

間で緩急をつける

話に間をはさみ込む

基本的に、対話の中で「沈黙」は避けるべきです。
変な間が空いてしまうと、それはぎこちないものになります。
下手をすれば、子どもの意識が遠のいてしまいます。
おかしなタイミングで間が抜けてしまうことを、「間抜け」と言います。

ただし、うまく使いこなすことができれば、上手に話すための強力な武器ともなり得ます。
大切なのは、タイミングです。あえて沈黙をつくるべきタイミングが2つあるのです。

1つ目は、「相手が熟考しているとき」です。

教師が何か大きな発問をしたとき、そこに沈黙は生まれやすくなります。

じっと考えたいとき、人は必然的に黙るものなのです。

ところが、無言で待たされる教師の方は、その緊張や不安に耐えられず、ついペラペラと言葉を出してしまいたくなるものなのです。

ですが、ここで決して言葉を挟んではなりません。

「先生の発問を、これだけじっくり検討してくれてありがとう。結果はどちらでも、それだけで満足です」といった思いを伝えられるような、慈愛に満ちた表情で待つことです。

静かになってしまっても、焦らず、急がず、落ち着いて子どもの答えを待ちましょう。この態度が、子どもにとって、考える時間となり、余裕と落ち着きのある授業を作り出すことにつながるのです。

ポイント **考えさせる時間に間を空けるようにする。**

大事な話をする前にも間を空ける

2つ目は、大事な話をする前です。
大事な話の前に、少し間を置いてみるのです。
すると、子どもの注意が一気に高まります。
それまでの会話のテンポがよいほど、この間は効果的になります。
会話に緩急ができます。
この違和感が、相手の目と耳を話に傾けさせてくれるのです。
「最近、先生は気になっていることがあります。

……それは、持ち物のことです」

このように、間を空けます。

間を空ける具体的な時間として、0.5秒くらいです。

「うん」と軽くうなずく程度の時間でよいのです。

何度も使えるわけではありませんが、会話の中で、ここぞという場面で使ってみるようにしましょう。

つまり大事なことの「前後」で間を空けるということです。

直前に間を空けて惹きつけ、終わりにも間を空けて考えさせる。

間をうまく使いこなせるようになれば、大事なことが伝わる話し方へと成長していくことができるのです。

ポイント **大事なことを言う前後で間を空ける。**

大事なところの前後で間を空ける

「3つあります」と予告する

初めに3点を主張する

BEFORE

今日は、校外学習です。気をつけてほしいことがあります。

まず、広がって歩かないようにすること。

皆さんにとっては特別な日ですが、ほかの人たちにとっては、いつも通りの1日なのです。

それから、駅で並ぶときにはバラバラに並ばないこと。あと、電車に乗ったら、静かにしましょう。


（まだ話が終わらないのかな……）

話し言葉で、使ってはいけない言葉があります。

典型的なのは、「あと」という言葉です。

小学生がよく使いますが、「あと、あと」と付け加えていく。

そこには、話の文脈がないのです。

「あと～」という言葉には、どこに着地したいのかがありません。聞いている子どもの側としては、一体どこに行くのか、自分でもわかっていない引率者に連れられて歩いているように感じられることでしょう。

まず「これを伝えたい」という中心のメッセージを言ってしまって、落ち着いて話した方がいいのです。話し始める冒頭で、子どもを引きつける技です。

簡単にできるテクニックですが、その効果は強力です。

冒頭で「ポイントは○個あります」と言われると、相手の話を理解しようと聞く準備を始めます。思わずメモをとりたくなってしまうものなのです。

また、教師にとっても、「話が脱線しない」というメリットがあります。

話し手の頭の中で、パズルのピースがはまっていくように、話の全体像ができていきます。

子どもに伝える以外の場面でも、スピーチなどの人前で話すときにも使えるテクニックです。

AFTER

今日は、校外学習です。気をつけてほしいことが3つあります。

1つ目は、広がって歩かないようにすること。

皆さんにとっては特別な日ですが、ほかの人たちにとっては、いつも通りの1日なのです。

2つ目は、駅ですばやく並ぶこと。駅の中では、大きな声が出せませんので、先生の手の指示をよく見て動きましょう。

3つ目は、電車では静かにすること。電車の中では、出勤するわずかな時間で、眠っていたい人もいます。読書したい人もいます。そういう人の邪魔にならないように、黙って過ごします。

（なるほど、3つか。覚えておこう）

ポイント　はじめに「3つあります」と述べる。

目線を送る

N形やZ形に目線を動かす

全体に向けて話をするときは、基本的に、N形や、Z形のように目線を動かしていくことが望ましいです。1点だけではなく、全体に目線を動かすようにするのです。

具体的には、スタートとゴールの子どもを2人決めます。左右もしくは前後の端の子どもをターゲットとして定めるのです。さらに、縦に動かすか、横に動かすことによって、学級全体をくまなく見ることができるようにします。

個に伝える意識をもつ

そのうえで、個に伝える意識をもつことが大切です。具体的に言うと、子ども1人ひとりに対して、「あ、今先生と目が合った」と感じさせるようにするのです。

1対多で話すときには、「1文につき1人を見る」ようにします。**N形やZ形に動かしつつ、1文につき1人を見つめながら話すのです。**

このようにして、「先生は、学級というよりも、あなた個人に話しているのですよ」と感じさせるようにするのです。その子どもにエネルギーを集中させて話すようにします。すると、聞いている子ども達も、自分という個人に話されている感覚になるのです。

ポイント **全体を見渡しつつ、個人を見る。**

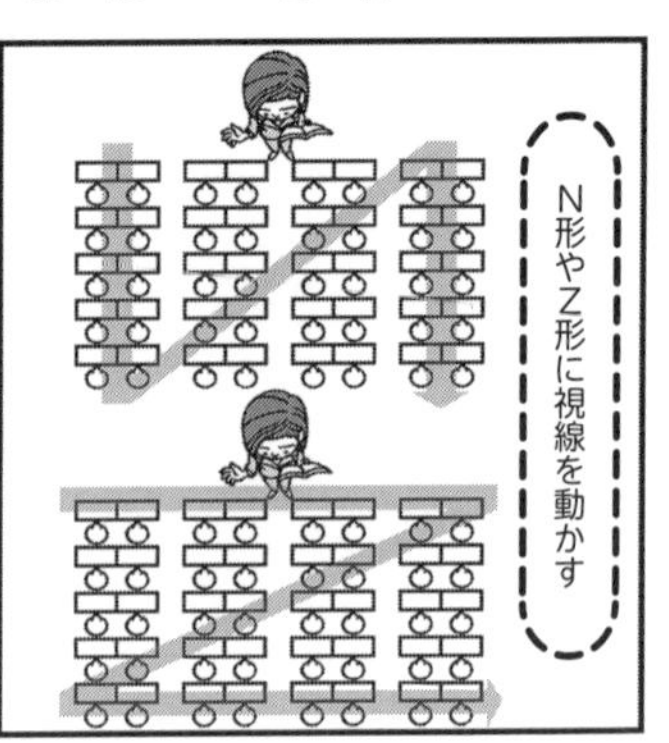

話の最初と最後を決めておく

最初と最後に何を言う？

話し始めると、「えっと」「それから」「あー……」というように、とりとめなく話し続けてしまう教師がいます。

そういう教師の話は、いつ終わるのかわからないので、聞いている側の子ども達は、そわそわと落ち着かなくなってしまいます。

そのような話し方をしてしまう原因の一つに、「話し始めと終わりを決めていない」ということがあります。話のスタートとゴールがはっきりしていないのです。

だから、なんとなく話し始めて、なんとなく終わるという話になってしまいます。

そうならないようにするためには、「出だしの言葉と終わりの言葉を決める」ようにするとよいでしょう。

初めに結論を述べます。

そして、その話に戻ることができるように話を紡ぐようにするのです。

聞いている側からすれば、何の話をされているのかがわかるので、ストレスなく聞くことができます。話している側も、着地点が決まっているので、そこに向かって話を進めることができます。

話の「最初と最後」を、明確に決めるようにしましょう。

ポイント **結論→具体例→結論の順で話す**

ユーモアを交えて話す

よい話の3条件

よい話には条件があります。

①わかりやすい
②ためになる
③ユーモアがある

この3つの条件を満たすと、よい話になるのです。

多くの教師は、①「わかりやすい」②「ためになる」話をしようとします。

でも、③「ユーモアがある」というところにまで意識を向けられる先生は、なかなか少ないものです。

失敗談は、簡単で最高のユーモア

話の中に、ユーモアを取り入れましょう。

とはいえ、「おもしろい話をしてみたい。でも、滑ってしまうのが、怖くて……」という先生もいることでしょう。そこで、簡単にユーモアを交える方法を紹介します。

ユーモアのある話をするための第一歩は、「自分の失敗談」を話すことです。

「〜しなさい」とか、「〜であるべきです」という小言に、「とはいえ、先生も子どものときは……」というように、失敗談を続けてみましょう。例えば、私は発表会の代表司会を務める子どもには、次のような話をします。

> 「司会になったからには、しっかりと台本を練習しなさい。
> というのも、先生は、子どもの頃、大きな失敗をしたことがあるのです。
> 自分が小学生のときに、学芸会で司会をすることになったんだけどね。マイクを持ったまま、自分が何を言うのか忘れてしまったんです。

「今日は、みなさん……」と言ったところで、頭の中が真っ白になってしまった。それでも、何かを言わなければならないので、「忘れた」と言ってしまいました。マイクに向かって言ったもんだから、体育館中に「忘れた」の声が響き渡りました。ほかの友だちは大笑い。先生は大慌て。

それから、代表として話すのが、すっかり恥ずかしくなりました。

大切なのは、練習です。先生は、練習を怠っていました。

だから、本番で恥をかいてしまったのです。みなさんは、こうならないように、しっかりと繰り返し練習をしてくださいね。」


小言だと、「また始まった……わかってるよ……」と子どもは感じてしまいます。

でも、ユーモアのある話であれば、「どんな話なんだろう？　続きが聞きたい！」と、子どもは前のめりになって話を聞くようになります。

ユーモアのある話をするには、失敗談を語ること。子どもに伝えたい小言があるならば、それに付随する面白い話がないかどうか、自分の人生をふりかえってみましょう。

ポイント　「～しなさい。とはいえ、先生もね……」と失敗談を話す。

よい話の条件

コラム　悪口は言わない

学校には、いろいろな先生がいます。

中でもやっかいなのが、「悪口や批判が趣味のような人」です。

おそらく、あなたもそのような人に悩まされた経験があるのではないでしょうか。

そうした人の話は、少しの間なら付き合えても、長時間続くと、さすがにうんざりしてきます。


「あの先生って、こんな悪いことをしているのよ……」


飲み会の席では、ほかの先生の悪口を聞くことがあるかもしれません。

しかし、あなたは決して悪口を言うべきではありません。

あなたがほかの人の悪口を言っていたり、批判ばかりしたりしていると、それを見た周りの人から「この先生は、人の悪口を言う人だ」と認識されます。

そう認識されてしまうと、今度は周りの人から「もしかすると、私がいないところで私の悪口を言っているかもしれない」と予測されるようになってしまうのです。

心理学の視点からいっても、人は「自分の悪口を言っているかもしれない人」には心を開きません。表面上のお付き合いだけにしておこうと思われ、人望を得ることも、人の心を動かすこともできません。

人の悪口を、いっさい言わないようにしましょう。

周りの人が話し始めたとしても、乗らない。

聞き流すことです。

そして、「へえ、そうなんだ。大変だね。ところで……」というように、次の話題へと移らせるようにしましょう。

第3章

子どもとの関わり方

ストロークを送る

心の栄養「ストローク」

教師としての仕事の中で、子どもとの関わりは欠かせないもの。子どもをほめ、叱り、日々何らかの形で子どもと接しています。

しかし、その関わり方は、教育的に効果のあるものになっているでしょうか。

交流分析の考え方「ストローク」の理論から、よりよい関わり方について考えていきましょう。

私たちは、毎日食事をとることでエネルギーを蓄えています。

その食事と同じくらい、あるいはそれ以上に私たちが生きるうえで大切なものがあります。

それが、「ストローク」です。

ストロークとは、自分や他者の存在価値を認める働きかけの総称を言います。

私たちが生活するあらゆる場面でストロークの交換がなされています。

例えば、出勤したとき、同僚と「おはよう」という挨拶を交わします。

教室では「今日も元気？」と子どもへ声をかけます。

「先生、おはよう！　昨日帰ってからねえ……」など、子どもも言葉を返してくれます。

友だちを叩いてしまった子どもに、「どうしてそんなことをしたの！」と否定的なメッセージを送ることなんかも、ストロークの一つです。

このように、1日の中では、お互いを認める働きかけがやりとりされています。

「ストロークの交換がなされている」と表現することができます。

私は、小学校教師として勤務しています。生活科の授業で、様々な仕事をしている人に、インタビューをしに行くことがあります。「働いていてよかったと感じるのは、どんなときですか」と尋ねて回ったとき、ほぼすべての人が、口をそろえてこう答えていたのです。

「この仕事を通じて、ありがとうと言ってもらえることですね」

心理的ストローク
肉体的ストローク
肯定的ストローク
否定的ストローク
ほめる　勇気づける
励ます　共感する
握手する　さする
なでる　抱擁する
叱る　責める
非難する　皮肉を言う
たたく　ける
なぐる　つねる

「ありがとう」という感謝の気持ちも、大きなストロークの一つです。

やりがいや、生き甲斐というのは、仕事内容や方法は人によりちがえど、突き詰めていけば、誰かに感謝されたり、喜ばれたりすることで成り立っているとわかります。

これが、「ストロークの効果」なのです。

ストロークの種類

ストロークには、「肉体的なストローク」と、「心理的なストローク」があります。

さらに、肯定的なストロークと、否定的なストロークとに分けられます。

簡単にいえば、肯定的なストロークが「ほめ言葉」であり、否定的なストロークが「叱り言葉」と言えます。

私たちはこれらのストロークを得ることにより、心を満たして生きているのです。

ポイント　生きていくうえで、ストロークは欠かせない。

ストロークの欠乏

ストロークが欠乏すると……

ご飯を食べなければ、お腹がすきます。

これと同じように、ストロークをもらうことができなければ、物足りなさを感じます。

これが、「ストロークの欠乏」です。

学校生活の中では、肯定的ストロークがいっぱいある方が、幸せな気分を味わうことができます。でも、肯定的ストロークがなければ、「ストロークがないよりはマシ」ということで、否定的ストロークを要求するシステムが働きます。

ひどくお腹がすいているときは、あまり気のすすまないモノであったとしても、「小腹の虫おさえ」なんて言いながら、簡単に入るモノを食べてしまうことは、あるのではないでしょうか。

これと同じような作用で、肯定的なストロークがなければ、否定的ストロークを手に入れようと行動に出ます。

家庭であれば、その典型的な事例は、「赤ちゃん返り」です。幼い子どもに弟や妹が生まれたとき、お兄ちゃん、お姉ちゃんが赤ちゃん返りすることがありますね。

今まで、両親や祖父母からたくさんのストロークをもらっていたお兄ちゃん、お姉ちゃんは、赤ちゃんにストロークが注がれていることに気づき、大きな不安と恐れを抱くようになるのです。子どもは、「なんとかしなくては」と感じ、おもちゃやお菓子のことでぐずついて、叱られるのです。あるいは、お漏らしをしてしまい、お世話を焼いてもらうのです。幼いお兄ちゃん、お姉ちゃんは、「ちょっとちがうけど、お世話をしてもらえて、いい感じ……」なんて思うわけです。

望ましくない行動で「ストローク」を得ようとする子ども達

学校においても、同じことが起こります。

肯定的なストロークが得られない子どもが、非行に走ることがあります。

授業中に暴言を吐き、注意されようとするようになります。

望ましくない行動でストロークを得る

学校へ行かないことによって、保護者や教師の目を引こうとすることもあります。このような「非建設的な行動」によって注目を浴びたり、叱られたりすることにより、「マイナスでいいからストロークを得よう」としているのです。

だから、子どもが「よくない行動」で気を引こうとしている場合は、「その子どものストロークの状態」に注目するべきと言えます。ほめられる場面をつくり、活躍できる活動を企画するなどして、正しい方法によってストロークが得られるように、図ってあげるべきだと言えるでしょう。

ここからは、子どもへ健全なストロークを送る10の方法について紹介していきます。

ポイント **ストロークが欠乏すると、負のストロークを求めるようになる。**

関わり方① まずは気軽なメッセージを送る

「いいね」から始める

SNSでは、「いいね」へのクリックが流行しています。

コメントを書き込むようにハードルが高いものではありません。

それでいて、他者を承認する役割をもちます。

教室でも、これと同じです。

まずは、気軽な気持ちでOKのメッセージを出すことが、学級の雰囲気を変えていくのです。

例えば、普段手を挙げられない子どもが挙げられたときに、「ナイス！」と一言伝える。

子どもがよい発言していたら、「さっきの、いい発言だったね！」とほめる。

よい考えをノートにまとめていたら、「ナイスアイデア！」とほめる。

まずは、質より量です。
多くのプラスのストロークを与えられる教師になりましょう。

面と向かって伝えるのが難しい場合は、独り言のように発してみることです。「やっぱり、○○さんはすごいなあ」と、すれ違いざまに言う。「やっぱり」という言葉が、キーワードです。

目を合わせずに、独り言のようにボソッと言えば、それほど気恥ずかしさも生じません。

このようなメッセージは、教師にとってもハードルが低く、取り組みやすいもの。まずは、ほんの小さなメッセージから始めてみましょう。

ポイント **まずは、「いいね！」と気軽なメッセージを。**

関わり方②

好意を示す

3つの「好き」

子どもから好感をもたれるコミュニケーションの基本は、「相手を好きになる」ことです。

人は、好きになった相手に対しては表情も言葉も優しくなります。思いやりをもって接します。

そしてそういう気持ちは、伝染します。

あなたが相手に好意を示せば、相手からも好感をもたれやすくなります。これを、「好意の返報性」と言います。

……とはいえ、恋人ならいざ知らず、職場の同僚や学級の子ども達に、面と向かって「好きだ」とは言えません。(言ったら逮捕されるかもしれません!)

そこで、次の3つの観点で「好き」と言ってみましょう。

①「集団」

対象を「個人」から「集団」にぼやかすことによって、「好き」のハードルを意図的に下げます。

学級の前では「先生は、このクラスが好きだなあ」。

学年集会で「この学年が大好きなんだ」。

このように対象となる集団への好意を示します。

②「行動」

相手の行動そのものを「好き」だと言います。

「最後まであきらめない姿勢が好きだな」「先回りして準備できているところ、好きだな」「前に言ったことを、しっかりと覚えてくれているところが好きだな」というように、相手の行動への好意を伝えます。

③「モノ」

相手の持っているものをほめます。

「あ、かわいい下敷きだね。その模様、好きだな」

「おしゃれなペンケースですね。好きだなあ、それ」

このようにして、相手への好意を伝えます。

「好き」という言葉は、好意が伝わるだけではなく、周りに「この人は物事のいいところを見ようとしている人なんだ」と伝わります。

その視点をもっているということが周りに伝わり、これが子どもからの人望を得ることにもつながるのです。

子どもとの関係を上手にやるためには、相手のよいところに焦点をあてて、心の中で「この子どものこんなところがいいな」「こういうところもあるのね」と、客観的に観察しましょう。

観察を繰り返しているうちに、少しずつ相手を好意的な目で見ることができるようになります。あなたが好意をもって見始めれば、相手もあなたを好意的な目で見始めます。

好意のストロークは、ブーメランのように返ってくることでしょう。

ポイント **「集団」「行動」「モノ」への好意を相手に伝える。**

関わり方③ 意識する力をもつ

まずは観察から

仲間や子ども達にストロークを与えるためには、観察しなければなりません。相手の言動や仕事ぶりを、常日頃からよく観察し、十分に目をかけることが必要です。

「ほめることは発見である」と言った人がいます。

よい行動、日頃のがんばりに対して、教師が気づかなければ、ほめることができません。

日頃の真剣な観察を通して、子どもの勉強のやり方や、先輩・後輩教師の気配りに感心し、感謝し、感動すると、その中から本気のほめ言葉が自然に生まれます。

ほめ言葉に接した子どもは、「きちんと見てもらえているんだ」と気分がよくなり、大いにやる気を出すことでしょう。

日頃からよく観察していれば、相手が人知れず努力しているところも、おのずと見えてきます。

そうした努力に対して、ねぎらいや感謝の言葉をかけると、大きな効果が期待できます。

人にほめられて当然なことをしたときより、他人にはわからないと思っていた地道な努力を認めてもらえたときのほうが、はるかにうれしいものです。

成果ばかりを見るのではなく、過程もしっかりとほめることです。

ほめられた子は、「こんなところまで見ていてくれるんだ」と感激し、教師に対して、信頼感を増すことになります。

子どもに詳しいほど、信頼度が高い

ほめるためには、普段からの観察が必要です。

ほめる点を探そうと意識することで、相手への関心が高まります。

実は、ほめることを通して、教師としての観察力が身につくのです。

相手のよさを見つける努力をしていると、ほめるのに困ることなどありません。

あなたが、どれだけの観察力をもっているのか、試してみましょう。

学級の中で、自分がもっともよく知っている子どもを1人選び、彼・彼女の経歴書を書きます。

家族構成、誕生日、友だち関係、学力のつまずき、休み時間の過ごし方……

できるだけ多く書きます。

ここでどれだけ書くことができるのかと、教師としての信頼関係には、相関関係があると言われています。

つまり、子どもの事情について詳しい教師ほど、子どもからの信頼度が高い。子どもについて詳しくない教師ほど、信頼度も低いという事実です。

自分のことに関心をもってくれている教師には、心を開きたいと感じるのが私たち人間なのでしょう。

これを書けるようになるためには、子どものことについて意識することが必要なのです。

ポイント **子どもの成長を観察する。**

関わり方④

名前をこまめに出す

名前は自己重要感とつながる

子どもには、自己重要感があります。

これは、「自分」という存在にいかに価値があるのかを実感したいという欲求のことです。

生活において「自分」を示す最たるものが「名前」です。

「子どもの名前を覚える」かつ「間違えない」ことが、相手の自己重要感を満たすために重要な方法になります。

コミュニケーションの上手な先生は、子どもの名前を話の中に散りばめながら、子どもとの絶妙な距離感を作ります。自分の名前を頻繁に呼ばれると、自分自身が受け入れられた感じが伝わり、安心感や親近感を抱きやすいのです。

ほとんどの子どもは、「自分の名前を知ってもらえていない」とわかれば、残念な気持ちになります。それは「自分には、名前を覚えてもらうだけの価値がないのか」ということを実感させてしまうからなのでしょう。

「相手の名前を覚える」「相手の名前を間違えないようにする」ということは、相手の自己重要感を傷つけないようにするために、最低限準備しておくべきことです。

覚えるための最速メソッド

それでも、「名前を覚えるのが苦手……」と感じる先生もいることでしょう。

そこで、覚える方法を紹介します。

出会った初日に、出席番号の順番に写真を撮ります。「出席番号の順に並んで集合写真」でもいいのです。その写真を見て、名前と照らし合わせて覚えるようにします。

名前を覚える際には、これまでの知識と関連づけるようにします。例えば、「小岩」という子どもであれば、小さい岩の上に乗っているイメージを思い浮かべる。あるいは、過去に「小岩」という知人がいたのであれば、その人のイメージを思い浮かべて、「親戚かもしれない。少し似ているところがあるな……」というように観察してみましょう。

名前を覚えるメソッド
①名前の順に写真を撮る
はい、チーズ！
②これまでの知識と関連づける
小岩くんか・・・

名前＋一言

2日目以降は、会話の中で、相手の名前を呼ぶようにします。「名前＋一言」という形で呼びかければ、1日に何度も呼ぶことができます。

例えば挨拶では「おはよう、○くん」。授業中であれば、「○○さんのノートが素晴らしいね！」というようにして、学校生活の中で何度も相手の名前を呼ぶように心がけます。

名前は、子どもの自己重要感を満たすことにつながります。子どもの名前を呼べば呼ぶほど、「自分は重要な存在なんだ」と、認識させられるのです。

確実に覚え、授業や会話の中に散りばめられるようにしましょう。

ポイント　2日目以降は、「名前＋一言」を。

関わり方⑤　きっかけを作る

教師がきっかけを作る

休み時間に子どもと会話して、関わりをもちたい。

そうは思っても、会話のきっかけがなければ、話すことは難しいものです。

毎日顔を合わせているのに、「最近、どう?」というのもおかしなことです。

子どもとの会話のきっかけを作るためには、子どもが話しかけたくなるような内容を見せるようにするといいのです。


例えば、子どもが関心をもっているグッズを買ってみる。

私は、キャラクター物のTシャツを着ることがよくあります。

例えば、ワンポイントでマリオなどのキャラクターがついていたりするわけです。

すると、「先生、マリオ好きなの？」とか、「あ、スプラトゥーンだ！」とか、Tシャツの絵柄を見て、子どもの方から話しかけてきてくれます。

そこから会話を始めて、教師がボケてみせます。

すると、「先生が、おかしなこと言ってるよ！」「先生、何言ってるんですか！」などと、笑いながらツッコみ始めます。

すると、勝手に盛り上がって、相手にとってあなたは面白い人になります。

教師が、子どもにとっての「アトラクション」のようになるのです。

Tシャツや文房具など、道具を用意するだけで会話のきっかけを作れるなら、こんなに簡単なことはありません。

……とはいえ、ときには、用意したものが空振りすることもあるでしょう。

それならまた別の物を仕込めばよいのです。

子ども達が反応するのは今流行しているものです。今子ども達の中で流行っているものを知り、それを捉えて道具を用意してみてはどうでしょうか。

ポイント **子どもの関心は、何にあるでしょうか？**

関わり方⑥ 3つの層に分けて声をかける

学級の中の3つの層

学校生活では、できるだけ全員に声をかけるようにしましょう。
とはいえ、全員を意識し続けることは、難しいことです。
集団は、3つに分けて、言葉のかけ方について考えてみましょう。

A層「学校生活に意欲的な子ども」
B層「AでもCでもない子ども」
C層「学校生活に意欲的ではない子ども」

この中で、もっともストロークをもらえていないのは、どの部分の子どもでしょうか。

実は、真ん中のB層なのです。

A層の子ども達は、やる気があります。能力も高いのです。学校でも、家でも、十分にかまってもらっています。ご近所の人にも「○ちゃんは、よくできるわねえ」とほめてもらっていることでしょう。**A層の子どもは、いつもほめてもらっています。ストロークを、浴びるように受け取ってきているのです。**

だいたいの教育実習生や、新任の先生は、このA層の子どもしか目に入らなくなります。

逆に、C層の子ども達はどうでしょうか。この層の子ども達は、一見すれば、ストロークは受け取っていなさそうに見えます。

しかし、この子ども達もまた、よくストロークを受け取っているのです。**勉学面でいえば、できないことができるようになるよう、周囲からのサポートを受けています。生活面では、よく叱られています。**

叱られているということは、教師からかまってもらえているのです。マイナスではありますが、ストロークをたっぷりと受けています。

ただし、この子ども達に少ないのは、プラスのストロークです。A層の子ども達の3倍くらいほめてあげて、ようやく公平といえるレベルでしょう。

B層の子どもにこそストロークを
君はすばらしい！
A層
がんばっているのに・・・
B層
やればできるじゃないか！
C層

B層の子どもにこそ、多めのストロークを

では、B層の子ども達はどうでしょうか。これは、いわゆる、「ふつう」の子ども達です。**問題を起こすこともない。成績も、それほどパッとするものでもない。ほめられることもなく、叱られることもない。休み時間も、自分から近づいてくることもありません。実は、こういう子ども達のことを、教師は見落としがちなのです。**

どの子どもにも、十分なストロークを与えられるようにするためには、特にB層の子ども達を意識することです。

また、B層の子どもをほめることは、ほかの子どもにとってもよい刺激になります。A層の子どもは「僕なら、もっとできる」と燃えるし、C層の子どもにとってみれば、「あれくらいなら、私にもできるかもしれない」と希望をもつことができるからです。

このように、公平に声をかけるためには、「全員に同じだけの言葉をかければよい」のではないのです。3つの層に分けて捉えて、それぞれに適した言葉をかけていきましょう。

ポイント **B層の子どもにこそ、たっぷりのストロークを。**

関わり方⑦　指名の前後でほめる

指名プラス一言

「一人ひとりをほめたいが、なかなかそこまでする余裕がない」と感じられるかもしれません。

そこでオススメしたいのが、「指名の前後にほめる」という方法です。

普通、指名をするときには、「はい。○○さん。では、次に、△△さん」というように指名します。そこに、ほめ言葉をプラスするのです。

「ノートに自分の考えをみっちり書いている　○○さん」

「発表を聞きながらうなずくことのできている　△△さん」

このように、ほめながら指名するのです。

指名された子どもは、うれしそうに答えます。ポジティブな言葉で指名されるので、やる気をもって発言できるようになります。

聞いている周りの子どもは、発言者をみたり、その子どもと同じような姿勢や態度をとろうとしたりするのです。

このほめ方をするには、日常の授業における記録が必要です。子どもを見て、サッとほめる言葉が浮かばなければ、「え〜っと……君はねえ……」と考え込んでしまい、かえって傷つけてしまうかもしれません。

日頃から学習記録をとり、そこと結びつけるようにしながら、ほめ言葉を伝えていきましょう。

ポイント　指名＋ほめ言葉でほめる機会を増やす

指名プラス一言でほめる

関わり方⑧ サンドイッチにはさみこむ

マイナスのストロークは、プラスで包み込む

BEFORE

出すのが遅れてしまってすみません。

なんだ、このノートは。もう提出期限が過ぎているぞ。それにだいたい、間違いだらけじゃないか！　やり直してきなさい！

はい……（せっかくがんばってやってきたのに！）

子どもに指示をしたり、アドバイスをしたりするなど、マイナスのストロークを送る際に気をつけたいポイントがあります。

それは、頭ごなしに命令しないようにすることです。

まずは、ほめるようにする。

どうしてほめるようにするとよいのかというと、「人間は自分をほめてくれる人に興味をもつから」なのです。

私たち教師が子どもに指示をしたり、アドバイスをしたりする目的は、最終的にこちらの言うことを聞き入れてもらい、修正した行動を起こしてもらうことにあります。

そのためには、まずは相手に耳を傾けてもらい、アドバイスを聞き入れる態勢を整えてもらう必要があるのです。

子どもにアドバイスをするときの「とっておきのパターン」があります。

それは、「ほめる」→「アドバイス」→「ほめる」という順番です。

このように伝えれば、否定の表現がないので、自己重要感は傷つきません。ほめられ、さらに自分が成長できるチャンスと捉えられれば、人は行動したくなるのです。

サンドイッチのように、伝えたいことをほめ言葉ではさみこむようにして相手へ届けてみましょう。

これは、コメントや、メールの内容などにおいても用いることができるものです。

AFTER

宿題、遅くなりました。これで、お願いします。

（間違いだらけじゃないか。やり直しをさせないと）遅れても、きちんと提出している。その心がけがすばらしい。さらに、よくなるようにしたいものだね。この漢字なんだけど……よく見て、間違いはないかな？

えっと……あ、線が一本多いですね。

そうだね。ほかにも、字の間違いがあるかもしれない。もう一度、よく確認したうえで提出してみましょう。ちょっとした字の乱れで、間違って覚えてしまうのは、もったいないからね。でもよくがんばっているよ。

はい、すぐに見直します。

ポイント　子どもに指導することを「ほめる→アドバイス→ほめる」の順で伝える。

関わり方⑨

上機嫌でいる

優れている教師は、いつでも上機嫌

子どもにストロークを与えるうえで、教師の機嫌はとても重要なテーマです。優秀だと評判の教師とお話をさせてもらうと、どの方も上機嫌な方ばかりです。

常に機嫌が悪そうな人は、子どもから先生として関わろうと思われません。人は、ネガティブな人は避けたいし、話しかけたいとすら思わないからです。

上機嫌な教師のもとには、自然に子どもが集まってきます。教師の姿勢は、学級内に伝染します。

教師が上機嫌でいれば、その姿勢が無意識にマネされて、結果的に学級全体が上機嫌の雰囲

気に変わっていきます。

とはいえ、教師だって人間です。

仕事のプレッシャーに加えて、体調やプライベートなことなど、不機嫌になる要素はたくさんあります。

でも、苦しいですが、あえて上機嫌を装うことが、教師には必要なのです。

たとえ実際には不機嫌でも、上機嫌を装って行動していると、少しずつ気分が晴れてくることに気がつくはずです。

行動と心は一対になっています。表情を明るく、言葉もポジティブにするだけで、気持ちが変わり、周りに与える印象が変わります。

子どもの前では、いつも上機嫌を心がけるようにしましょう。

ポイント **教師は、いつでも上機嫌でいる。**

関わり方⑩ 暇を演出する

教師は暇そうにしていること

「忙しい」を口癖にしている教師のもとには、なかなか子どもが集まってきません。そうなると、関わる機会をもつことができなくなります。

忙しそうにしていると、子どもには、「先生は忙しそう。話しかけたいけど、なんだかそんな時間はなさそうだな……」と感じさせてしまいます。

子どもの前では、できるだけ暇を演じましょう。
教室の中で、教師が暇そうにしていれば、子どもは話しかけたくなります。
どうでもいいようなくだらない話もできます。

ちょっとした悩み相談も、するかもしれません。

教師が暇そうにすることで、「何かあっても、先生に話せば大丈夫」という安心感を生み出すことができるのです。

また、暇を演じていると、実際に気持ちや時間に余裕が出てくるものです。

採点業務などは授業内で終わらせられるように努め、休み時間などは、できるだけゆったりと子どもと過ごすようにしてみましょう。

ポイント　教師は忙しくても暇だと思わせる。

暇を演出すると相談できる

コラム　叱る基準をどうするか

「叱る基準を、どのように設けていますか」

このような質問を受けることがよくあります。

叱る基準というのは、難しいものです。

教師によって、「人それぞれ」なところがあります。

そして、子どもの状態にもよります。

また「その日の教師の気分」により左右されることも、もしかするとあるのかもしれません。

しかしながら、基準が曖昧だと、「気まぐれな指導」に見えてしまいます。

そんな叱り方を続けていると、子どもにとって、「教師は理不尽な存在だ」として捉えられかねません。

私は、大きく叱る基準を、「自他の心身を傷つけるとき」としています。

暴力をふるってしまう。怪我をしそうな危険な行為をする。あるいは、「どうせ私なんて」と自暴自棄になる。こういうときに、強く厳しく叱ります。

自他の心身を傷つける行為は、「人権侵害」です。

彼ら、彼女らの人権を守ることは、決して投げ出してはならないことだからです。

厳しく、時には声を張り上げてでも叱りつける必要があります。

そして、次の基準は、「ほかの人も同じようなことをしたとき、集団に悪影響を及ぼしてしまうとき」です。

例えば、ゴミ一つを落としたとします。それを学級みんなが同じことをすれば、どうなるのでしょう。教室はゴミだらけになってしまいます。

「叱る基準」については、学年の教師と話し合う時間を設けるとよいでしょう。

とはいえ、「叱る基準を決めましょう」というのは何だか重いかもしれません。

そこで、「どんなときに叱ったらいいのか考えているのですが、みなさんは、どうしていらっしゃいますか？」と尋ねてみるようにしてみましょう。

きっと、そこでは価値のある議論ができることでしょう。

話し合いを重ね、一定の基準をもって子どもを叱るようにしましょう。

第4章

同僚との関わり方

あたりさわりのないものから変化させる

BEFORE

おはようございます。体育のことで、お話があるんですけど。

あ、ああ。なんだい？

暑くなってきたので、水筒を運動場に持たせていこうと思うんです。いいですか？

いいんじゃないかな？（なんだ、こっちは出勤したばかりなのに、急だな……）

では、そうしましょう。

2種類の会話

同僚とのコミュニケーションを多くとりたい……

でも、何を話せばいいのかわからなくて困っている。

そういうことが、あるのではないでしょうか。

私たちは、職員室で雑談をします。

友人同士だとすごく話が弾むのに、自分と立場のちがう人、世代のちがう人、異なった環境にいる人と対峙した途端、会話が停止してしまうことがあるものです。

極論してしまえば、私たちの会話には「要件を伝える会話」と「それ以外の会話」の2種類しかありません。

例えば、職員室で同僚と話す場合であれば、「今日の2時間目は、移動教室をよろしくお願いします」というのは「要件を伝える会話」です。

「最近、ゴルフに行ってるんですか?」というのは、「それ以外の会話」にあたります。

では、中身のない「それ以外の会話」には、どのような意味があるのでしょうか。

それは、地ならし的な役割です。

雑談には、中身がありません。

でも、中身がないことに意味があるのです。

雑談により、人間関係を気づまりなく、スムーズに動かしていくことができるようになるのです。

テーマ一覧

雑談を進めるにあたっては、話題選びから始めてみましょう。

会話を始めるために大切なのは、相手を乗せることです。

会話始めに適しているテーマは、次の中から選ぶのがよいでしょう。

- **食べ物**
- **仕事**
- **ニュース**
- **出身地**
- **衣服**
- **共通のこと**
- **ペット**
- **健康**
- **出身地**
- **気候**
- **趣味**
- **血液型**

簡単に言えば、誰にでも当てはまるような、当たり障りのない話題がいい、ということです。

例えば、天気などのありふれたところから話をふくらませて、共通点などをうまく見つけて、相手のふところに入っていく。

そのプロセスが自然な会話になるのです。

ただし、会話の中では、出すべきでない話題があります。

代表的なものは、「政治」「宗教」の話です。

……というのも、政治や宗教というものは、個人の思想が深く関わります。

これについては、会話ではなく「議論」になる可能性があります。

人との関係性を深めるような会話には、ある程度の気軽さが必要であり、議論をしてはいけないというのは、大事な鉄則です。

AFTER

おはようございます。今日は、暑いですね。

そうだね、暑いねえ……。

こんなに暑いと、体育も大変ですね。

本当だよ。ハードル走とかも、休ませながらやらないといけないね。

そうですよね。そのことで、昨日考えていたんですけど、運動場に水筒を持たせるって、どうですかね？

ああ、それいいじゃない。

では、そうしましょう。

ポイント **当たり障りのない会話から始める。**

何気ないクセを話す

話題を通じてクセを紹介する

前の項目にあるように、ただその話題の内容だけを話せばよいのではありません。

「○○に行ってきたんだ。よいところだったよ」

「今度は○○に行ってみたいなあ」

このような内容では、話が盛り上がりません。

きっと、多くの人がこの失敗を経験済みのことでしょう。

会話で大切なのは、「お互いがどんな人かわかる」ように話したり聞いたりすることです。

そのために、「自分がどんなときに、どんな振る舞いや選択をするか」に意識を向けます。

例えば、旅行について話すときでも、「旅行をするとき、自分はどんな人なのかな」と考えてみるのです。話は旅行そのものから外れて、自分の何気ない振る舞いに向かうのです。

例えば、「電車の何分前に駅についているのか」などは、興味深い話題になります。平均すれば、10～15分前くらいに到着する方が多いようです。人によっては、1時間前や、発車時刻直前に到着して電車に駆け込むような人まで、様々なタイプがいます。

こんなことを話すことによって、のんびり屋なのか、せっかちなのかといった人間性がわかり、面白いのです。

すると相手も、「私なら○分前に行きますね」などと話してくれることでしょう。

「そんなに早く行って、何をしているの？」

「そんなにギリギリで、何かあったらどうするのですか？」

このような質問が出たり、「そういえば」と、ふと思い出したようなエピソードに話が発展したりして、会話はドンドン盛り上がっていくのです。旅行であれば、「荷物が多くなりすぎる」とか「家族で喧嘩が増えすぎる」などという話題も面白そうです。

話題を通じて、自分のクセを紹介してみましょう。それによって、あなたの人間性が、ほかの同僚に伝わり、興味深い会話になるのです。

ポイント　「自分は○○のときに××する」と伝える。

話題を通じて、自分のクセを紹介する

わからないときはオウム返しをする

知らない話題に対応する

相手の話が、興味ないものだったり、あるいは自分にとって詳しくない分野だったりした場合は、どうすればいいのでしょうか。

会話をする中で一番戸惑うのは、「知らない話題になったとき」と答える人が多いものです。でも、「知らない話題だとうまく話せない」と考えるのは、会話について、ある誤解をしているからです。

その誤解とは、自分も同じくらいの知識を話さなければならないと考えているところです。

例えば、相手が「最近プロ野球観戦にはまっているんだよ」と言ってきたら、どんな会話に繋げますか。

相手が「プロ野球観戦」について話したのだから、あなたも野球について知っていることを話さなければならないと考えていませんか。

しかし、このとき話し手は「自分の野球の話を聞いてほしい」、言い換えてみれば「自分に野球の話をさせてほしい」という望みをもっているのです。

だから、こういうときには「オウム返し」が有効なのです。

オウム返しのポイントは、質問形式で返すなどして、話が広がりそうな言葉を付け加えることです。例えば、同僚が「最近カメラを始めたんだよ」と言ってきたら、「おお、カメラですか」と共感して、沈黙します。そして、「それで、それで……?」という気持ちで待てばよいのです。知らない話題に出会ったときには、相手の言葉をオウム返しにしてみましょう。

5W1Hの質問をする

もしも、それで相手があまり話し出さないようであれば、あなたから質問をしてみましょう。

「きっかけは?」「いつから?」「カメラって、いくらぐらいなの?」などの5W1Hを中心に尋ねます。そのあとは、「気持ち」に焦点を当てた質問を使いましょう。

知らない話題にはオウム返しをする

あいづちだけだと伝わらない

カメラを始めたんだよ。

はあ・・・

キーワードを繰り返す

カメラを始めたんだよ。

おおっ、カメラですか!

「自分のカメラって、やっぱり愛くるしいものですか？」
「カメラを趣味にする人って、どんな人が多いものなのですか？」
「カメラを趣味にしていると、ご家族も喜ばれますか？」

このように尋ねれば、こちらが知識をもっていなかったとしても、質問次第で、いくらでも会話は広がっていくものです。

相手の言葉に沿いながら、話しの内容を深めていくのです。

オウム返しをすることで、相手が詳細な説明をしてくれたり、オウム返しをしている間に会話が広がるような質問を考えることができたりするので、効果的なテクニックなのです。

ポイント **知らない話題は、オウム返しで聞き役に徹する。**

「〜さんだから」を強く押す

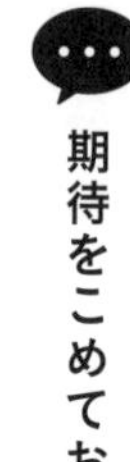

期待をこめてお願いする

学校の分掌によっては、人に仕事をお願いしなければならないことがあります。

何かを頼むときには、「〜さんだからお願いしたいことなのですが」という言葉を添えてみるとよいでしょう。

例えば、あなたが体育主任で、「準備係の主担」という大役を、人に任せなければならないとき。「いつも身の回りをキッチリ整頓されている○○先生だからこそ、お願いしたいことなのですが……」と話をもちかけてみましょう。

苦笑いしつつも、「そう言われたらやるしかないね」と快く引き受けてくれることでしょう。

ほかにも、次のような言い方があります。

「ほかの人ではなく、○○さんにしかできないことなのです」
「○○さんだからできることだと思って、お願いしたいのです」
「○○さんだから、つい頼ってしまうんですよね」

このように、「あなたはほかの人とはちがう」というメッセージを伝えるようにするのです。

これは、特に自尊心の高い人に効果的です。

ただし、同じ相手に何度も使うのはNGです。

「いい気分にさせて、動かそうとしているのでは？」などと疑念を抱かせてしまう可能性もあります。

「ここぞ」と思われるところで活用するようにしましょう。

これは、ポストが上がれば上がるほど使える技術です。

将来管理職になったときにも、「しっかりもののあなただからこそ、学年主任をお願いしたい」というように、「あなただからこそ」の精神を持ち続けてください。

ポイント 「○○さんだから」＋頼みごと→特別感

話を拡張する

人は誰もが、自分のことが一番大切だと思っています。

そして、自分のことに興味があるものです。

そこで大切なのが、「相手の話を拡張する」というテクニックです。次のステップに沿って、相手の話を広げていくようにするのです。これを「拡張話法」と呼びます。

「拡張話法」には、順番があります。1つずつ見ていきましょう。

感嘆→反復→共感→称賛→質問

①感嘆

会話のうまい人は、感嘆詞を相手の話に合わせてうまく使いこなしています。

「!」や「?」や「♡」、「ー」をつけるようなイメージで感嘆します。

「そうなんですか」では、感情がこもっていません。

「そうなんですか!」

「そうなんですか?」

「そうなんですか♡」

「そうなんですかー」

②反復

相手の話を、そっくり繰り返します。

「最近、カレーが好きなんですよね。」

「カレーですか! いいですねえ!」

③共感

相手の話に対して感情をこめて、理解を示します。「わかります」「大変でしたね」「よかったですね」「辛かったですね」「よくがんばったね」など、相手の感情に寄り添う表現をします。

④称賛

「すごい」「さすがですね」など、相手をほめたたえる言葉に感情を乗せて伝えます。

⑤質問

「それで、それで？」「そこからどうなったんですか？」「もっと聞かせてよ」「今は大丈夫なの？」など、相手の話を中心に展開させていくために、その後を追いかけていくようにします。

いいタイミングで質問できれば、相手の話にどんどんドライブがかかっていきます。

メインで話しているのは相手で、あなたが聞く側だとしても、主導権はあなたにあると意識しましょう。

拡張話法を用いれば、相手は気持ちよく話すことができます。

これが、よりよい同僚との人間関係づくりに活きるのです。

ポイント　自分が話すのではなく、相手の話を広げる。

注意はシンプルに伝える

アサーティブな言い方

同僚が間違ったことをしているとき。

仲間として、注意を促さなければなりません。

とはいえ、「注意することで関係がギスギスするのもイヤだし……」ということで、飲みこんでしまうことはありませんか。

また、軽く注意するつもりだったのに、長々とお説教してしまい、「こんな厳しく言うつもりはなかったのに」なんて後悔することもあるかもしれません。

人間関係のもち方には、3つの方法があるとされています。

①**「自分のことだけを考えて、他者を踏みにじるやり方」**
②**「自分よりも他者を優先し、自分のことを後回しにするやり方」**
③**「自分のことをまず考えるが、他者をも配慮するやり方」**

③の言い方を、「アサーション」と呼び、本書ではこの言い方を推奨します。

アサーションとは、自分も相手も大切にする自己表現です。相手の気持ちをキャッチし、自分の気持ちも受け取ってもらうような言葉の「投げ方」のことです。

自分の言いたいことを伝えようとしますが、相手の人権も尊重しようとする態度をもちます。このような言動は、余裕と自信に満ちており、自分がすがすがしいだけではなく、相手にもさわやかな印象を与えます。

「コピー機のクリアボタンが押されていなくて、次の人が困っていましたよ。今度から押してくださいね」

「下校時刻は3時45分ですね。見守りの人への迷惑にならないようにしたいので、もう少し早めに帰してくださいね」

このように、相手に注意をするときは、要点だけ短く伝えるようにします。

「○○してほしいので、□□してくださいね」というように伝えるのがポイントです、客観的な事実に、自分の思いを添えるようにして伝えます。相手にも相手の言い分があるかもしれないのです。このように伝えることで、相手のプライドを傷つけず、こちらの言い分も伝わりやすくなるのです。

アサーティブな会話とは、言いたいことや自分の気持ちを相手に伝えると同時に、相手の言いたいことや気持ちもよく聞いて、理解しようとする会話のことです。

お互いを理解しようとする会話こそが、相手も自分も尊重する会話なのです。

ポイント　アサーティブな自己表現で指摘する

全貌を話してから詳細を伝える

まずは概要を伝える

BEFORE

（職員会議にて）

私から、報告があります。先日、○○さんの保護者の方が来校されました。そこで、Aくんが自転車を学校に持ってきて、それをどうすればいいのか相談されました。学校としては、Aくんのものではないのだったら、学校に置いてもらうように言いました。しかし、警察の方から調べてもらうと……

（一体、何の話をしているんだ？）

トラブルが起こった場合は、学年主任や管理職などに報告する必要があります。また、学校全体に連絡する場合もあることでしょう。

とはいえ、ガムシャラにホウレンソウをすればいいわけではありません。詳しい話から始めてしまうと、「この人は、何を伝えたかったのだろう……？」となってしまうことがあります。**職員への説明は、「頭括型」が基本です。管理職への報告や、会議などにおける報告の場面では、まず全貌について簡潔に述べます。それから、詳細を詳しく述べていくようにするのです。**

事実を早く正確に伝えるためには、まずは全貌をざっくりと話す。それから詳細について説明を始めるようにすると、聞き手は早く理解してくれるようになります。

AFTER

先週の木曜日、Aくんが、自転車を盗難したのではないかということで、警察から事情聴取を受ける事案がありました。そのことについて報告いたします。木曜日の放課後に、○○さんの保護者の方が、来校されました。そこで……

（なるほど、子どもが事情聴取された話だな。）

ポイント **要点を先に伝え、詳細は後に述べる。**

挨拶＋α

挨拶に一言を加える

人と会ったら挨拶をする。

これは、社会人として最低限のマナーです。

友人や知人、仕事関係で付き合いのある人、通りすがりの顔見知り、初対面の人など……

相手は様々ですが、朝に会えば「おはようございます」、帰りには「お疲れ様でした」と伝えるのは、社会人としてできて当たり前のことです。

挨拶は、コミュニケーションをとるきっかけになります。

ここで注意したいのは、あくまでも「きっかけ」だという点。

つまり、「挨拶＝コミュニケーション」ではないのです。

いつもの型通りの挨拶がコミュニケーションまで成長するかどうかは、挨拶を交わした後の言動にかかっているのです。

例えば朝、出勤した後に、隣の席の先生に挨拶をしたとしましょう。

もちろん、最初は「おはようございます」と挨拶。

さて、そこからです。

挨拶のほかに一言、ちょっとした話題を付け加えてみましょう。

「今日も暑いですね」

天気の話は、簡単に共有できます。

なんでもいいのです。そのときに、たまたま目についたことでも構いません。

「自転車、とってもオシャレですね！」

といった感じで、一言プラスしてみましょう。すると……

「そうなんですよ。最近、ダイエットも兼ねて、通勤しているんですよね。」

と相手の言葉が返ってきます。

「運動、いいですね。私も自転車にしようかな。」

「いいですよ。乗るなら、～がいいですよ。」

「そうなんですね。でも、高いんじゃないですか？」

「まあ、そうですね……20万円くらいしましたね。」

「ええっ!? ちょっと、私には無理ですね。手が届きません（笑）」

これで、ただの挨拶が立派なコミュニケーションになりました。

挨拶のあとで交わす、ほんの少しのやりとり。

時間にして、10秒～20秒くらいのことでしょうか。

でも、この短いプラスαがあることにより、お互いの相手に対する感情は大きく変わってきます。気持ちが打ち解けて、「あの人は感じのいい先生だ」となるものなのです。

変化に目を向ける

具体的な方法としては、変化に目を向けることです。

相手の服装、相手の髪型、相手が持っている物などに、何か変わったことはありませんか。

その変化を捉えて、突っ込むようにするのです。

例えば、髪型が変わっている場合は、「あ、髪切ったんですね。イメチェンですね」。（※セクハラにならないように注意が必要です。）

相手の印刷している資料が学級通信の場合は、「学級通信、今何号なんですか？」など。「そういうジャージって、どこで買っているんですか？」など、相手の事について、何かしら話しかけるようにするのです。

多くの教師は、自分に興味をもたれることを喜びます。おそらく笑顔になって、返事を返してくれることでしょう。

何気ないコミュニケーションですが、こういう積み重ねが、後の信頼関係につながります。いつも型通りの挨拶しかしない人と、短かったとしても、このようなコミュニケーションをとったことのある相手というのは、その人の中で、自然とポジションが変わっていきます。

このように、一言プラスすることで、相手からもう一言が返ってくる。挨拶を交わしてあとの些細なやりとりがコミュニケーションであり、これが人間関係の構築に重要な意味をもつのです。

ポイント **挨拶＋相手の変化への一言を。**

「○○が言っていた話」を伝える

子どもがほめていた話をする

ほかの先生をほめるというのは、難しいものです。

「先生の授業は、とてもおもしろいですよね」などと直接ほめるのでは、わざとらしさや、お世辞っぽさが抜けません。

下手をすれば、嫌味に聞こえて、ギクシャクしてしまうかもしれません。

でも、「子どもから聞いた話」なら、ハードルが一気に下がります。

先生の多くは、子ども達からの評判を気にしています。だからこそ、「クラスの○○さんが、先生の授業を、とっても楽しいって言っていましたよ」と伝える方法に効果があるのです。このほめ方のほうが、しっくりきます。

つまり、間接的にほめるようにするのです。
ポジティブな話題の場合は、「誰々がこう言っていた」という伝達情報の方が、信憑性が高くなることが多いのです。

直接的にほめられるときの「いかにもとってつけた感」といったようなお世辞要素が少なくなるのです。

コミュニケーションの上手な人は、以前に誰かから聴いたエピソードを拝借してネタとしてもっていて、それを雑談の中で話しています。

このような間接的なほめ方をするためには、その先生のクラスの子どもにこちら側から質問してみることをオススメします。

「○○先生の授業って、楽しい?」「学級の様子はどう?」など、そのクラスの子どもと出会う機会に尋ねてみるとよいでしょう。

ポイント **「子どもが、こう言っていましたよ」とほめる。**

相談事は「聴く」に徹する

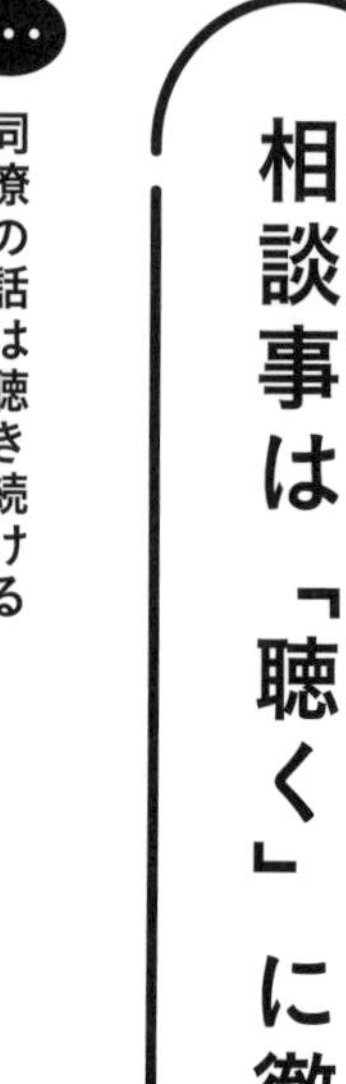

同僚の話は聴き続ける

同僚が相談事をもちかけてくることがあります。

そのような場合は、聴くに徹することが大切です。

子どもの進路や、将来の事、人間関係などについて、あなたに対して相談をもちかけることもあるでしょう。

相談をもちかけてきた場合に、まず大切なのは、「安心感」をもたせることです。

そのための方法として、「絶対に否定しない」ようにすることが望まれます。

教師は教えたがりの人が多いので、つい口を挟んでしまいがちなものです。

我慢しましょう。

最後まで話を聴くのです。

「絶対に否定しない」＋「最後まで話を聴く」

これを実行することができれば、人は安心感を覚えることができます。

子どもが悩みを相談するときには、「新しいアドバイスを聴きたい」という欲求よりも、「自分の話を聴いてほしい」「自分が話をしたい」という欲求の方が大きいのです。

コップ理論

この状態をわかりやすく説明するために、「コップ理論」と呼ばれる考え方を紹介します。

あなたのもとに相談に来る人は、すでにコップの中に水が満杯の状態です。

コップの大きさは、すなわち相手があなたのアドバイスを受け入れられる「量」のこと。

私たちがアドバイスをするのは、このコップの中に新たな水を入れることと同じなのですが、すでにコップの中が「話したい」という水でいっぱいなのであれば、そこにいくらアドバイスという水を注いでも、ただあふれ出してしまうだけなのです。

このコップの水を減らすという方法が、「話を聴く」ということなのです。

話を聞けば聞くほど、相手のコップの水は減っていきます。

そして、私たちのアドバイスという名の水は、コップの水が減った分だけ、相手のコップに入れることができるのです。

最後まで話を聴くという行為は、相手に安心感を与えるとともに、アドバイスを受け入れさせるための準備をしてもらう意味合いもあるというわけです。

このために、相手の悩み相談の話を最後まで聴き、相手が話し終わっても、本当に空になっている状態であるかどうかを確かめます。

次の質問をしてから、アドバイスを始めるようにするとよいのです。

「ほかにもっと話しておきたいことはないですか？」

相手にこの質問をすることで、「私はあなたの話を聴く気持ちがありますよ」という姿勢が伝わるのです。

相談やアドバイスを求められたら、「絶対に否定しない」＋「最後まで話を聴く」をセットで実行します。そして、「他にもっと話しておきたいことがないか」を尋ねましょう。

この流れによって、さらなる「安心感」と共に、コップの中は完全に空になり、こちらのアドバイスをしっかりと聴いてくれるようになるのです。

ポイント **否定せず、最後まで聴き続ける。**

コラム　内面的な弱みを打ち明ける

教員同士の会話の中で盛り上がるのは、「不幸話」です。悪口で盛り上がるのは、他人の不幸を知って、優越感に浸れるからです。

すべての人が聖人君子ではないので、悪口を言わないでいるのは難しいものです。

悪口は前述の通り、絶対に避けるべきです。

それでも、盛り上がる話がしたい。

それならば、自分の不幸話をしてみましょう。

失敗とか欠点は、なかなか言いづらいものです。それを人に打ち明けようとすると、恥ずかしさが勝ってしまいます。「欠点を伝えると、なめられそう」などと思われるかもしれません。

ただし、外面的な欠点は、伝えないほうがよいとされています。

「肌荒れがひどくって」「薄毛に悩んでいるんだ」

このような外面的な欠点を口にされても、周りの人は対応に困ります。

「あ、そうなんだ……」（そんなこと言われても！）というように、フォローのしようがないのです。

しかし一方で、内面的な欠点は、伝えたほうが好感度が上がると言われています。

「私は、どうも忘れっぽくて」「抜けているところがあって」

このような失敗や欠点は誰にでもあります。

それを自らカミングアウトしてしまえば、それをネタにすることができるのです。

失敗や欠点を積極的にカミングアウトしていくと、ダメなところもある自分を愛おしく感じるものです。

一人ひとりが自分の恥ずかしい部分をさらけ出すことで、そこにいる人たちの連帯感も生まれます。成功していることを話しているときより、よほど親しくなれるものです。

また、失敗や欠点を先に話してしまえば怖いものがなくなります。周りからも、「この人はそういう人なんだ」と認知されるので、失敗を回避するアドバイスをしてくれる人もあらわれるかもしれません。自分を理解してもらうためにも、失敗や欠点を堂々とカミングアウトしてしまいましょう。

それを言ったところで、得をすることはあっても、損をすることはないのです。

第5章

保護者との接し方

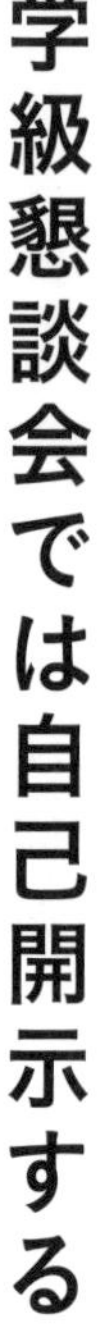

学級懇談会では自己開示する

はじめの1～4分が決め手

会話の良し悪しは、相手に与える自分の印象をガラリと変えます。

では、人と人が出会い、話をする。そのときの相手に対する印象や評価は、どれくらいの時間で決まるものなのでしょうか？

様々な研究の結果、その人に対するおおむねの評価は、会話が始まってから1～4分で決まることがわかっています。

「信頼できる」「信頼できない」「好き」「好きでない」という評価は、出だしで決まるのです。

学級懇談会など、おうちの人と話すことができる時間があります。

この中で、いい印象を与えているかどうかが、その後の関係に響いてきます。

大切なのは、はじめの1〜4分です。

自己開示として、大事なのは、「自慢話はしない」「軽いしくじりを話す」ということです。

教師として自分が優れていることをアピールすると、ただの自慢に聞こえてしまい、反感を買ってしまいがちなもの。

それよりも、「実は劣っているんです」とアピールするほうがよいのです。

ここでも、「しくじり」こそ、最強のネタになります。

対集団の保護者会などにおいて、保護者の方と話をするときには、緊張感で固まっているなど、どうも空気が固いなというときがあります。

そういうときは、軽い失敗をはさむようにします。

「この学校に来て、1か月経ちました。いまだに、あちこちで迷ってしまいます。方向音痴なものでして……」

「学生の頃は、陸上競技をやっていて痩せていたのですが、今はこの通り、だいぶウェイトアップしています」

こんな、何気ない一言で、場の空気を和ませることができるのです。

多くの人が、何らかの形で失敗し、悔しい思いをしてきています。

そこで、誰もがもっている失敗話を集めて、ネタにしてしまえばいいのです。

過去にさかのぼって、恥ずかしくなることや、昔の失敗話を思い出してリスト化してみましょう。

このような自己開示をできるようにするために、自分のキャラクターを考慮しましょう。

意外性やギャップを生む情報があると、相手も魅力を感じやすくなります。

太っているなら「少食なのに、子ども達が給食を大盛りにするので困っています」

チャラそうなら、「休日の趣味は、図書館でゆっくり小説を読むことです」なんてのもいい。

自分の見た目とは反対の話をするようにすれば、ウケが狙えるということです。

ただし「真面目に見えるけど、中身はテキトーな人間です」というように、教師としてマイナスに見えるギャップはよくないので、気をつけましょう。

自己紹介などで、自己開示をする場合は、あまり長々とやってはなりません。一分以内にまとめられるようにしましょう。

ポイント **軽いしくじりから始めて、保護者の心をつかむ。**

声を使い分ける

やや高めを心がける

人と話すときに、特に意識した方がよいのは、「声の出し方」です。

普段あまりふりかえる機会はないものですが、会話をする際には、基本的に「高めの声」を出すように心がけましょう。

高い声には、話す人のキャラクターを社交的に感じさせる効果があるのです。

低い声はどうかというと、話の内容に対する信頼度を高くする効果が見られます。しかし、それよりも「高圧的」「暗い」「とっつきにくい」印象を与えてしまうもの。デメリットの方が大きいのです。

低い声で、大きな声を出そうとしてみましょう。おそらく、出ないはず。

周囲の人からすれば、低い声は聞き取りづらいのです。

2人で話しているならまだしも、集団で話している場合、ボソボソとしていて聞こえない。

よって、「とっつきにくい人」ということになるわけです。

つまり、低い声というのは、そもそも対集団で話すのには適していないのです。

高い声だと、遠くまで響きわたるような声が出せるはずです。

ですから、気軽なコミュニケーションでは、「声を高く」が鉄則です。

では、高いといっても、どれくらいの音がちょうどよいのでしょうか。

指標があります。

「ドレミファソラシド」と、音階を口ずさんでみましょう。

正しい音階ではなく、あくまでも自分の中の音階でいいのです。

たいていの人は、ド〜ミあたりが地声になっていると考えられます。その中で、ファの音を出すようにします。

なお、高い声で話すにはテンポも必要になります。テンポよく、リズムよく話すことができるようになりましょう。

ポイント **ファの音で話し始める。**

高圧的・暗い・とっつきにくい
低い声
3年2組を担任することになりましたAです。
社交的・明るい・親しみやすい
3年2組を担任することになりましたAです！
高い声

個人懇談会はフォーマットを決める

7ステップで進める

「懇談会で何を話したらいいのかわからなくて……」という困りの声を聞くことがあります。何も話すことがなくて困ってしまう、会話が止まってしまうなど、コミュニケーションが苦手な教師は、懇談会で苦労することが多いようです。

そこで、懇談会では話の流れのフォーマットをオススメします。

必ずこの通りに進めるというわけではなく、おおまかな形を決めておくということです。

こうすることによって、何を話せばよいのかが明らかになり、安定した内容の懇談会を進めることができるようになります。基本的には、次の通りに進めます。

①あいさつ→②学校での様子→③質問→④成績→⑤注意点→⑥お困りのこと→⑦お礼

①あいさつ

「こんにちは。本日はお忙しい中、お時間をとっていただきましてありがとうございます。どうぞ、おかけください。」

②学校での様子

「それでは、○○さんについてのお話です。
○学期の間、本当に○○をがんばってくれていました。
例えばですね、○○の授業だと、△△してくれていました。
係は、△△係で、——をしてくれていました。
そういう姿を見て、お友だちも——と言ってくれています。
私も、——と感じています。」

③質問

パターン1「おうちでも、学校の話などをされていますか？」
パターン2「昔から、このようにがんばっているのですか？」
パターン3「おうちで何か特別なことをされているのですか？」

④成績

「では、成績の方も確認しましょう。成績については、よくできているところは○○なところです。ただ、気をつけたいのは、○○です。ここについては、また学校でも繰り返し学んでいきたいと思います。またご家庭でもお時間があれば見ていただきますようにお願いします。」

⑤注意点

「とっても○○な△△さんですが、気をつけてほしいことがあるとすれば、○○なところですね。これについては、学校でも繰り返し育てていきたいと思っています。」

⑥お困りのこと

「私のほうからは以上です。何か、お困りのことはございますか。そうですか。では、また何かあれば連絡帳にてご連絡ください。」

⑦お礼

「○○さんの○○という長所が、さらに伸びていくように、学校でも応援し続けていきます。また○学期もよろしくお願いします。（立ち上がる）お気をつけてお帰り下さい。本日はありがとうございました。」

基本の順番はこのような流れで、使う言葉はいくつかのパターンの中から、適切なものを選べるようにします。「必ずこの流れで」というわけではなくて、このような筋道を作っておけば、教師の側が、「次に何を話せばいいのか……」と困らなくて済むということです。

あくまでも基本形として、これを派生させて、それぞれの子どもの特性や、保護者の方の話に合わせて進めるようにしましょう。

また、「悪い点」から話し出すと、ショックを受けてしまい、その後のほめ言葉が頭に入ってこない保護者の方もおられます。**まずよいところを話して、最後に気をつけて欲しいところをプラスして添える位がちょうどいいのです。**

また、教育のプロとしての見立ても伝えたいところです。発達段階としてどうなのか、同じ学年の子どもと比較してどうなのか。過去の子どもと比べて同じ程度なのかどうか……など。

教師としての見立てを、②や⑤の中で話すことができれば、よりよい懇談会になると言えるでしょう。

ポイント **基本のフォーマットを決め、そこからふくらませるようにして話す。**

好意をもたれる振る舞い方

親しい関係であるかのように振る舞う

懇談会などでは、保護者の方とよい関係を築く必要があります。

子どもによりよい教育を提供するには、保護者の方とのよい関係の構築が重要となるのです。

保護者の方と関わる時間というのは、ほとんどありません。

そんな短い時間の中で、一瞬で親密な関係を築く方法があります。

それは、「既にそうした関係であるかのように振る舞う」ということです。

保護者の方を、長年付き合っている知り合いの人と想定すると、ボディランゲージや、話し方が変わってくるのです。

もし、出会ったばかりの保護者の方との関係を、親しい間柄であるかのように想像できれば、相手もこれに無意識的に反応し、実際よりも互いのことをよく知っているかのように感じます。

あなたの態度が変わることにより、関係に大きな変化が起こるのです。

とはいえ、やり過ぎは禁物です。保護者の方はあなたとは数回会ったのみだとよく分かっているため、違和感を覚える可能性があります。

だから、相手が戸惑いを見せる場合は、そのように振る舞うことは止めた方が得策でしょう。

そのため、懇談会で会う保護者の方については、「よくお茶をする相手」という程度に思い込むようにするとよいでしょう。

スマートな関係を築くには、それが非常によい関係です。

よく会って話をするような相手であるかのように話せたなら、保護者の方もリラックスして話をすることができるでしょう。

ポイント
「よくお茶をする相手」であるかのように話す。

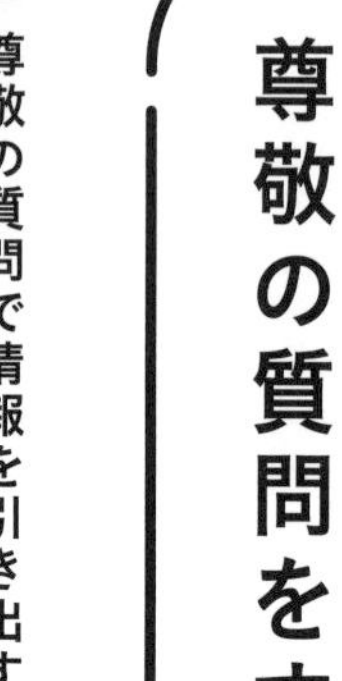

尊敬の質問をする

尊敬の質問で情報を引き出す

会話を広げるために、おすすめしたい質問フレーズがあります。

それは、「何か特別なことをされているんですか？」という言葉です。

「とても字がきれいですね。何か特別なことをされているんですか？」

「運動神経が抜群です。何か特別なことをされているんですか？」

もう一つあります。

それは、「どうしてそんなに○○なんですか？」です。

「どうしてこんなに気配りができる子に育ったのですか？」

「どうして、こんなに色々なことができるのですか?」

保護者の方のほうが、教師よりも年上の場合に、特に有効です。

「私も、自分のところの子どもが小さいので、ぜひお聞きしたいなと思いまして……」とか、「将来自分の子どもができたときに、参考にさせていただきたくて」などと、理由をつけやすくすることができます。

このような尋ね方をすれば、「昔から、本を読み聞かせてきましたので、そのせいでしょうか……」というように、会話が広がっていきます。

子どもの日頃のがんばりや、おうちでの取り組みなど、なかなか知ることのできなかった情報を、するする得ることができるのです。

子どもの長所や、ほかの子どもとはちがうことに気づき、それを言葉にしてみましょう。

このような質問は、あくまでも自分の考えなので、気軽に聞きやすいものです。

ただ、使いやすいだけに、直接的すぎるところもあります。

質問をする前には、「思い切って伺ってもよろしいですか?」とか「お聞きしたいことがあるんですけど、いいですか?」というような断りを、クッションとして入れるようにすると、丁寧な印象を与えることができるでしょう。

重要なのは、欲求や興味を刺激するポイントに気づくことです。

子どもの長所を語るとき、保護者の方の表情は明るくなります。

そのようなキーワードを発したときの表情をよく見るようにしましょう。

子どものひそやかな自慢や、ほかの子どもとはちがうことに気づき、それを言葉にして尋ねてみましょう。

ポイント **長所をほめ、質問し、情報を引き出す。**

尊敬の質問で引き出す

バリエーション豊かなあいづちをうつ

あいづちで会話を盛り上げる

ここでは、よい「聞き方」について考えてみましょう。
会話をうまく広げるには、相手に対する「聞き方」が非常に重要です。
相手が話をしている間は、あいづちをうちましょう。
ワンパターンではなく、バリエーションをたくさんもちましょう。

「ああ～」「へえ～」「はいはい」「ええ」「う～ん」

このような言葉が基本になります。
さらに、「さしすせそ」を活用してみましょう。

「さすがですね」

「知らなかったです」

「ステキですね」

「センスがいいですよね」

「それはすごいですね」


さらに、あいづちに一言を加えてみましょう。

会話をうまく広げていくコツは、連想ゲームのようにして会話をつないでいくことです。相手の言葉からどんな受け答えができるか、話題を変えたり、深めたりするのです。


「なるほど。それって、どんな習い事なんですか？」

「それはすごい。昔からやっているんですか？」

「へえ。そのような教育方針でやっておられるから、あのように素晴らしいお子さんに育つのですね。勉強になります」


深く納得している、相手の言葉が響いているという姿勢が大切なのです。

ポイント **あいづちで懇談会を円滑に進める**

会話の後にはメモをとる

次回のためにメモをとる

一学期の懇談会で話したことを、「前回このようにお話しされていたと思いますが、その後どうですか？」と話されたら、どうでしょうか。

もう、数か月も前の話です。それを、まるで「昨日会って話したような話題」としてもち出してくれると、保護者の方も安心してくれます。もちろん、当時話したことのすべてを覚えているわけではありません。しかし、相手が以前交わした話を覚えてくれていたという事実だけでも、十分にうれしいのです。

懇談会の内容すべてを覚える必要はありません。

でも、盛り上がった話題や印象に残った言葉だけでもいいのです。

このような会話の力を高めるために行いたいのが、メモをとることです。

保護者の方と話をした後は、メモをとっておきましょう。

人と出会って会話をした直後、何を話したのか記録します。会話の中で、わかったことがあればメモをとるのです。

たいていの場合、1回目のコミュニケーションで距離を縮めることができたとしても、2回目でその関係をリセットしてしまい、また最初から関係をつくり直すことが多いのです。

そうならないために、距離をさらに縮めるのに必要な情報を覚えておくようにします。

そのためのメモなのです。

ポイント　メモを用いて、「つながり」のある懇談会にする

前の話題からつなげる

連絡帳の表現は1・5倍増しで

文章は感情が伝わりにくい

保護者との連絡手段は、連絡帳が中心です。

今どき、メールサービスなどもあるかもしれませんが、文面で連絡を取り合うことに変わりはありません。

文章で思いを伝えるときには、やや過剰にする方がよいと言えます。

なぜかと言えば、文章では感情や気持ちの部分が伝わりにくいからです。

例えば、子どものがんばりを伝えるときに、「感動しました。」だと淡泊な感じがします。

でも、「涙が出るほどに、感動しました！」と書かれていれば、教師の思いがありありと感じられるはずです。

謝罪するときは、「すみませんでした。」では冷たい感じがします。でも、「ご迷惑をおかけして、本当にすみません……」と書けば、謝っている気持ちが伝わります。

文章に表すときには、1・5倍の表現を心がけることです。

文章化されると、よそよそしくなり、そこに込めている思いは伝わりにくくなります。

だからこそ、喜んでいる気持ちや、謝罪する気持ちを、1・5倍まで大きく膨らませ、文章に表現するようにしてみましょう。

ポイント　**1・5倍の表現で文章化する。**

気持ちを 1.5 倍ふくらませる

ペースを合わせる

相手のペースを把握し、合わせる

相手と共通するものがあると、距離感が一気に縮まるものです。実際にはその人と身近な関係になくても、親しい感覚が湧いてくるのです。

例えば、自分の家に男の子がいるのであれば、「男の子の子育ては、大変ですよね……うちもなんですが」という話に繋げることができます。

男の子の保護者という「仲間」になることができるのです。

保護者の方との共通点が見つけられない場合は、作り出すようにしましょう。

こんな経験はありませんか？

人があくびをするのを見ていたら、自分もあくびが出てきた。友人の結婚式で花嫁さんが泣いているのを見ていたら、自分も涙がこぼれてきた……。

これは、ミラーニューロンという脳内の神経細胞の働きによるものであると研究されています。ミラーニューロンは、相手の行動を見て、自分も同じ行動をとっているかのように反応する、いわば「共感する」神経細胞です。

では、具体的にどうすれば「共通点」が作れるのでしょうか。

それは「ペーシング」という方法を使います。ペーシングとはコミュニケーション技法のひとつで、話し方や身振りなどを相手に合わせる技術です。

例えば、保護者の方が早口の場合は、それに合わせて早口で話します。ゆっくりおだやかな場合は、これに合わせておだやかに話します。悲しんでいる場合は悲しそうに、うれしそうにしている場合はうれしそうにしてみせます。理論的に話す場合は、結論から端的に話すようにします。

人は、自分と同じ感覚の人と話すとうれしさを感じるものです。保護者の方の話を聞きながら、相手が話す声の大きさやスピード、トーンを把握します。ペーシングとは、ただ相手の話し方のマネをするのではありません。相手が安心して話ができる心地のよい空間を作り出すことです。

ポイント **共通点を見つけ、なければ作り出す。**

相手のペースに合わせ、
共通点を作り出す

電話は台本をつくる

保護者の方に電話をするときには、できるだけ台本を用意しましょう。

電話というのは、かける側にとって圧倒的に有利なコミュニケーションツールです。

なぜなら、手元に台本を置いて話すことができるからです。

対面では、なかなかそんなことはできません。（やれば、おかしな人だと思われること必須でしょう）

特に話が難しいような場合であれば、電話をする際には、どのように話を運ぶのが望ましいのか、綿密に計画を立てます。チャート形式にして、作戦を練っておくのです。

備えあれば、憂いなし。電話の有効性を用いるべく、電話をする際には、きちんと台本を作って臨むようにしましょう。

ポイント **電話は台本&計画を立ててからかける。**

それで、相手の親御さんはどうおっしゃってるの!!学校としての対応は!?
あ、はい、その、え〜っと。
×準備が足りないと、しどろもどろになる
相手の保護者の方は〜〜〜とおっしゃっています。
学校の対応は?
学校としての対応は2つあります。
○台本と計画を用意する

コラム　教師同士の関わりについて

子どもの前での「教師同士の関わり方」については、注意が必要であると感じています。プライベートで仲良くするのはいいことです。ただ、子どもの前で「太郎くん、これ持って行って」とか「おい山崎、こうするって言ったよね？」などという話し方をしていれば、子どもは先生同士の上下関係を感じ取ります。

「うちのクラスの先生は、あのクラスの先生よりも下の立場なんだ」などと感じさせてしまっては、学級経営にも響きかねません。**プライベートでフランクに接する関係であったとしても、子どもの前では対等な関係を演じましょう。**

名前は必ず「～先生」と呼ぶ。そして、どちらも敬語で話をします。慣れないうちは失敗することもあるかもしれませんが、慣れればすぐにできるようになります。

私たちは教師であり、子どもに教育する仕事に従事しています。どの子どもにも不公平感をもたせてはなりません。子どもの前での先生同士の関わり方については、気をつけるようにしたいところです。

第6章

教師のあり方を見直す

教師の性格とは？

教師としての性格を知る

世の中には、いろいろなタイプの先生がいます。

軍曹みたいに厳しい先生、マザーテレサのように優しい先生、お笑い芸人のように笑いで子どもを惹きつける先生。

人により、様々です。

あなたは、優しい先生ですか？　それとも、厳しい先生ですか？

みなさんは、自分がどういうタイプの教師か、よくわかっているでしょうか。

誰でも、ほかの先生の特徴はよく捉えています。

「あの人は甘すぎる」「あの人は厳しい先生だ」などと、先生たちの個性を判断しているはずです。

しかし、私たちが自分をみるとき、それが優しいのか厳しいのか、それとも楽しい先生なのか、知る手だてがありません。

孫子は、「敵を知り、己を知れば、百戦危うからず」という言葉を残しています。

コミュニケーションについて考えるためには、自分自身の性格を理解している必要があります。自分の性格を考え、それが学級や子ども達や個人に与える影響を知ることで、よりよいコミュニケーションのあり方を探ることができるようになれるからです。

ここからは、交流分析「自我状態理論」の考え方をもとにして、教師としてのあなたの性格を分析してみましょう。

性格分析として用いるのが、「エゴグラム」です。

エゴグラムは、交流分析をベースにしてつくられた心理分析表示法です。

自分の性格や行動パターンを捉えるのに優れた、簡単な分析方法です。

日本では、1960年代後半に九州大学心療内科を中心に導入され、それ以来、医学、教育、企業など人間関係のあらゆるところで活用されてきました。

エゴグラムを使うと、自分の行動や発言を客観的に見ることができます。他人を判断するかのように、自分の教師としての性格を、「頑固」なのか「おせっかい」なのか「わがまま」なのかを、自分自身で判断することができます。

そうして本当の自分の性格を捉えることによって、子どもや職場の人たちと、よりよい人間関係を築くこともできるようにしていきます。

エゴグラムを通じて、自分がどんな教師なのか気づきましょう。

分析といっても、大がかりなものではありません。自己分析として、参考にしてみてください。

自分の性格をグラフ化し、そこから長所や短所に気づけるようにするのです。

ポイント

エゴグラムで、性格を分析しましょう。

5つの性格

反応から分かる教師の性格

では、さっそく自分の性格について考えてみましょう。

あるとき、子どもにテストを課しました。すると、子どもが落書きをして提出しました。

こんなとき、あなたなら、次のうちどのように感じるでしょうか。

子どもの落書き、あなたならどうする？

①まったく、テストに落書きをするなんて、けしからん！
②きっと、疲れていたんだろうな。大丈夫かなあ……
③この落書きには、どのような意図があるのだろうか？
④かわいい絵だな！　私も、子どもの頃、よくこういう落書き、書いたっけなあ！
⑤この子、暴力的な子だから、注意したくないなあ……そっとしておこう……

5つの項目の中で、あなたはどの反応をするでしょうか。実は、これは、自分の性格の中の強い部分を表しているのです。

「自我状態」という考え方があります。

これは、わかりやすく言えば、その人の考え方の傾向や性格、気持ちなどを表しています。

「親」（P）としての状態、「大人」（A）の状態、「子ども」（C）といった自我の状態です。誰でも、自分の中に、大人っぽい部分や、子どもっぽい自分を自覚することがあるでしょう。それらをより明確に「P」「A」「C」の3つとして定義し、心の構成要素として捉えるのです。さらに、現実の親に父と母があるように、親の自我状態にも「父性的なもの（CP）」と、「母性的なもの（NP）」があります。つまり、相手を批判したり叱ったりする父性的な状態と、相手を養護し思いやる母性的な状態です。また、子どもの状態も、「ヤンチャ坊主（F

C)」のタイプと、「従順なよい子（AC)」のタイプに分けられます。

最終的に、心の中に「5人の私」が存在し、性格が形成されていることになります。教師としての対応も、この5つの性格のうち一部が表出してきているということになるのです。

心の中に「5人の私」が存在する

CP
NP
A
FC
AC

5つの性格の解説

先ほどの項目は、それぞれの性格を表しています。1つずつ、見ていきましょう。

①「まったく、落書きをするなんて、けしからん！」

これは、「厳しさ」を表すCP（父性）です。この性格のイメージは、ガンコ親父です。

CPは、学級を牽引するために必要な要素です。ですから、教師として子ども達をまとめるために、なくてはならないものです。実際に、もともとはあまりCPが高くない人でも、学年主任や教務、管理職などの役職につくと、徐々にCPが高くなっていくことがあります。役職が人を作る、ということでしょう。これがCPとしての働きです。

落書き
するなんて
けしからん！

Critical Parent
父性（厳しさ）

②「きっと、疲れていたんだろうな、大丈夫かなあ……」

これは、「優しさ」を表すNP（母性）です。

NPのイメージは、極単に言うと、おせっかいなオバチャンタイプです。

ここが極端に高い人は、相当な世話好きです。

NPの高い人は、困っている子どもをみると、「なんとかしてあげたい」と思う優しさをもっています。

人との円満な関係を作るには欠かせません。

相手と話し合い、認めてあげることができるので、子どもも、同僚、保護者とも、温かい人間関係を作るのに必要なのです。

ただし、その優しさにつけこんで、子どもが我が儘になってしまうことも考えられます。

距離感の近さゆえに、トラブルが起こりかねないのです。

Nurturing Parent
母性（優しさ）

大丈夫かなあ・・・。

③「この落書きには、どのような意図があるのだろうか？」

思考する大人のAは、「大人性」の自我状態です。感情を抜いた純粋な理性の部分であり、冷静沈着なコンピューターのようなイメージです。

Aが強いタイプは、合理性に優れ、十分に力を発揮することができる人です。

いつも冷静で落ち着いており、客観的な態度がとれるので、会議の進行役など、緻密で正確さを要求される仕事に向いています。

ただし、感情表現に乏しい分、冷たい印象は拭い切れません。仕事の相談はしても、人生の相談はしたくない、というタイプと言えるかもしれません。

Adult
大人性（賢さ）

④「かわいい絵だな！　私も、よくこういう落書き、書いたっけなあ！」

「自由な子ども性」を表すFCです。

このイメージは、自由奔放な子ども。FCが高い人は、感情や欲求を素直に表現できるという特徴があり、これが長所と短所につながります。

FCは本来、誰もがもっていたはずの素直な子ども心です。人間らしさや個性を打ち出し、行動的に楽しく生きていくためには、なくてはならない自我状態です。

想像力や、遊び心を生み出す自我状態でもあるので、休み時間などにおいては、子どもを大いに牽引することでしょう。

職場にも、場を盛り上げるムードメーカーや宴会の人気者といった人がいることでしょう。そのような、「お調子者」や「宴会係」の性格です。

Free Child
自由な子ども性
（楽しさ）

⑤「この子、暴力的な子だから、注意したくないなあ……そっとしておこう……」

「順応な子ども性」を示すACです。子どもの自我状態のうちでも、親の言うことをよく聞く柔軟な性格です。最大の長所として挙げられるのは、協調性です。人との和を保つには、欠かせない要素です。

しかし、ACが極端に高い人の場合は、その性質が裏目にでて、人に依存し過ぎるという傾向があります。他人に対して気を使い過ぎるため、かえって人間関係がギクシャクしたり、人付き合いがストレスとなって、自律神経失調症などの病気につながってしまうことがあります。

これら5つの性格は、どれかに限られるわけではありません。

この5つの性格を、誰もがもちあわせているのです。その中でも、特に強い性格が表出して、言動に表れているということなのです。

CP	**父性**（厳しさ）	信念に従って行動する。他人を非難・批判する。
NP	**母性**（優しさ）	思いやりをもって世話をする。親身になって人の面倒をみる。
A	**大人性**（合理的）	事実に基づいて物事を判断する。合理的、倫理的に処理をする。
FC	**自由な子ども性**（楽しさ）	自分の感情をそのまま表す。明るくて無邪気に振る舞う。
AC	**順応な子ども性**（いい子）	自分の本当の気持ちを抑えて相手の期待に沿おうと努める。

ワーク　先生エゴグラム

アンケートに答えましょう

ここからは、5つの性格のバランスを、「エゴグラム」という図で表してみましょう。

エゴグラムは、「心の中の5人家族」の中で、5人のうちどのキャラクターのエネルギーが高いか、あるいは低いかを、グラフにして表したものです。

5つの性格のバランスを見るのが、エゴグラムの目的です。エゴグラムを描くことにより、自分の心の構造がどのようになっているか、客観的に見ることができるのです。

自分のエゴグラムを測るには、いくつかの方法がありますが、ここでは、質問紙による測り方をやってみます。次の質問に回答してみましょう。

当てはまると思ったら○を。当てはまらないと感じたら×を。どちらとも言えないのであれば△を書いてください。あまり深く考えずに、直感で答えるようにしてください。

エゴグラム・アンケート　※エゴグラムに関する書籍をもとに作成しました。自己分析の参考としてください。（参考文献参照）

A群

1. 間違ったことに対して、間違いだと言います。
2. 規則を守らないことは嫌です。
3. 規則やルールを守ります。
4. 人や自分をとがめます。
5. 「〜すべきである。」「〜ねばならない。」と思います。
6. 決めたことは最後まで守らないと気が済みません。
7. 借りた物を期限までに返さないと気になります。
8. 約束を破ることはありません。
9. 不正なことには妥協しません。
10. 無責任な人を見ると許しません。

B群

1. 思いやりがあります。
2. 子どもをほめるのが上手です。
3. 人の話をよく聞いてあげます。
4. 人の気持ちを考えます。
5. ちょっとした贈り物でもしたいほうです。
6. 人の失敗には寛大です。
7. 世話好きです。
8. 自分から温かく挨拶します。
9. 困っている人を見ると何とかしてあげます。
10. 子どもや目下の人をかわいがります。

C群

1. なんでも、何が中心問題か考え直します。
2. 物事を分析して、事実に基づいて考えます。
3. 「なぜ」そうなのか理由を検討します。
4. 情緒的というより理論的です。
5. 新聞の社会面には関心があります。
6. 結末を予測して、準備をします。
7. 物事を冷静に判断します。
8. わからないときは、わかるまで追求します。
9. 仕事や生活の予定を記録します。
10. ほかの人ならどうするだろうと客観視します。

D群

1. してみたいことがいっぱいあります。
2. 気分転換が上手です。
3. よく笑います。
4. 好奇心が強い方です。
5. 物事を明るく考えます。
6. 茶目っ気があります。
7. 新しいことが好きです。
8. 将来の夢や楽しいことを空想するのが好きです。
9. 趣味が豊かです。
10. 「すごい」「わぁー」「へぇー」などの感嘆詞をよく使います。

E群

1. 人の気持ちが気になって、人に合わせてしまいます。
2. 人前に出るより、後ろに引っ込んでいます。
3. よく後悔します。
4. 相手の顔色をうかがいます。
5. 不愉快なことがあっても口に出さず抑えてしまいます。
6. 人によく思われようと振る舞います。
7. 協調性があります。
8. 遠慮がちです。
9. 周囲の人の意見に振り回されます。
10. 自分が悪くもないのに、すぐ謝ります。

では、採点してみましょう。○は２点。△は１点。×は０点です。

Ａ群がＣＰ、Ｂ群がＮＰ、Ｃ群がＡ、Ｄ群がＦＣ、Ｅ群がＡＣです。

点数化されたものを、表に書き入れ、線でつなぎます。自分のエゴグラムを完成させてみましょう。

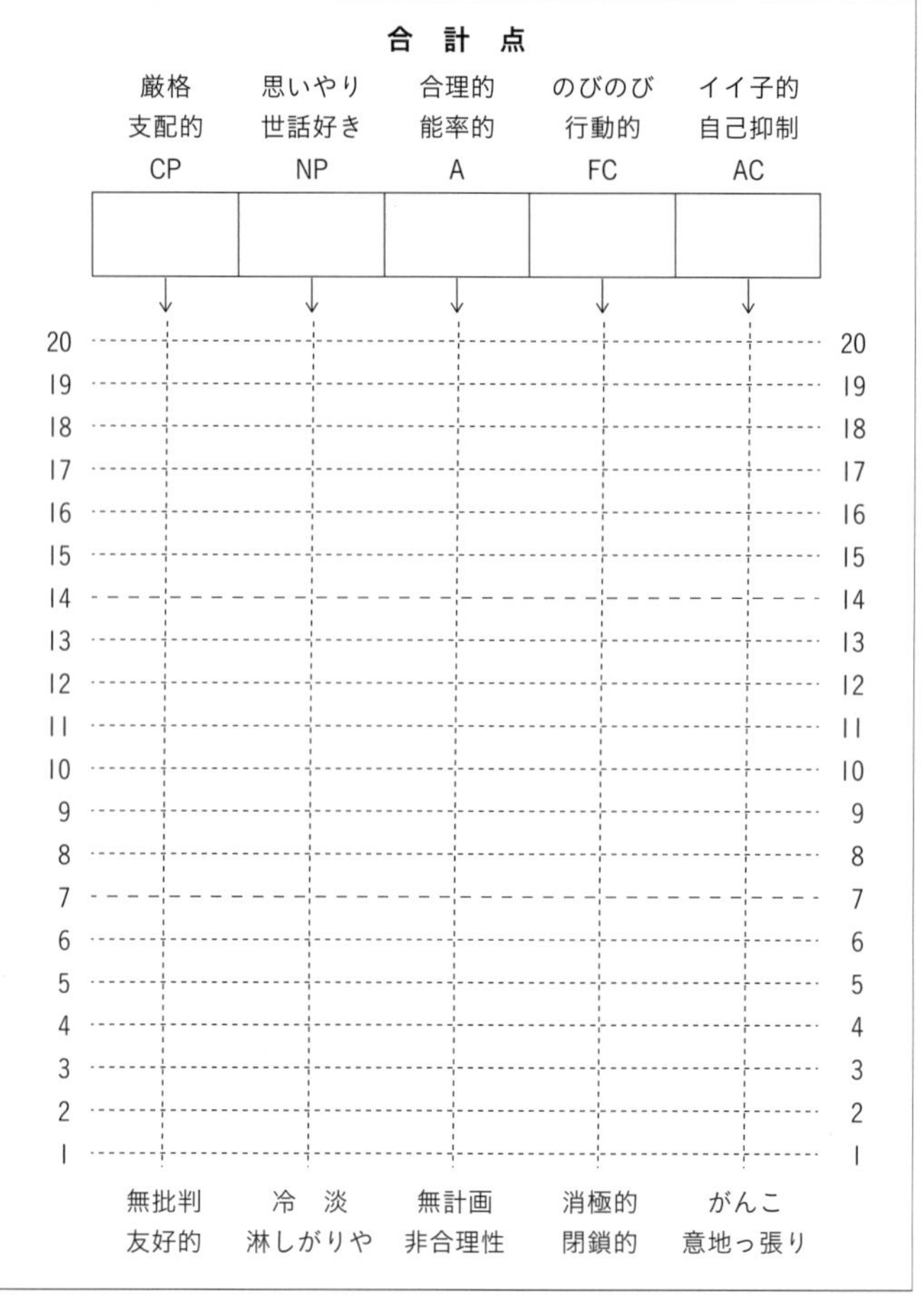

エゴグラムからわかる長所と短所

高いところと低いところを見る

あなたのエゴグラムは、どのような形になりましたか？

エゴグラムには、あなたのパーソナリティや、行動パターンの特徴が表れます。ただし、エゴグラムは、どういう形だから優秀だとか、どういう形だから性格が悪いとかを判断するものではありません。細かい点数の集計結果を気にする必要もありません。エゴグラムの形は、人によって異なるだけでなく、同じ人でも、そのときの年齢や生活状況、置かれている立場などによって、ある程度変化します。エゴグラムは、あくまでも「今」のあなたの心理状態がどんなものなのかを知る手がかりなのです。

注目すべきところは、グラフの中のもっとも高いところと、もっとも低いところです。あなたの長所と短所が、そこに隠されているからです。**エゴグラムの最高点は、あなたの心の中**

で、もっとも強いエネルギーをもつ自我状態を示します。一般に、エゴグラムの最高点の自我状態は、物事に対するその意図の最初の反応を決定すると考えられています。ときには、それがそのまま行動に移されます。

例えば、CPが強ければ、人の行動に対していつも批判的に見ます。それは、リーダー性となる場合もあるし、周囲から煙たがられることにもなります。

また、エゴグラムの最低点は、あなたにとってエネルギーが足りない自我状態を示します。自我状態のエネルギーが低いと、その状態に即した行動がしにくくなります。例えば、NPが低い人は、子どもが困っていても手を差し伸べようとは考えられませんし、人の長所をほめるのも得意ではない、ということになります。

では、それぞれの高い場合と低い場合について、見てみましょう。

CP

(高い) 子どもや後輩教師に厳しい、過ちを許せない。

(低い) 周りの人々に甘い、責任をあまり追求しない、完全主義でない。

NP

（高い）他人のお世話をするのが好き、困っている人を慰めたり、元気づけたりするなど、思いやりの気持ちが強い。
（低い）人に同情したり、世話をしたりするのは嫌いなど、子どもへの思いやりがない。

A
（高い）現状を観察したり、分析するために時間をかけたり、他人の意見を参考にして冷静な決断をする。
（低い）子どもの意見に引きずられたり、思いつきで行動したりして、決断に冷静さを欠く。

FC
（高い）喜怒哀楽を自由に表現できる、言いたいことを言う、直観的。
（低い）自分の気持ちを表現しようとしない、遠慮しがち、おとなしい。

AC
（高い）無理をしても他人の期待に沿うようにしたり、人の言うことを気にする。
（低い）自分は価値ある人間だという自信があり、他人の犠牲になって物事を行うことはない。

エゴグラムと教師のタイプ

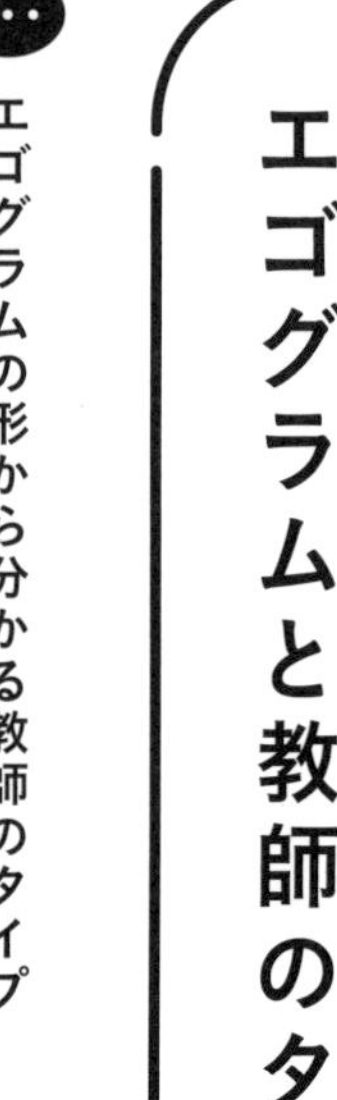

エゴグラムの形から分かる教師のタイプ

千差万別なエゴグラムの中から、似ているものを集めていくと、いくつかのグループに分けられます。中でもよく見られるパターンのうち、いくつかは、それぞれ特徴的な「生き癖」と結びついています。

あなたのエゴグラムは、次のうち、どれに似ているでしょうか。

中には、「ピッタリこの形!」と一致する人もいるかもしれません。

では、7つの教師タイプと、その特徴について紹介します。

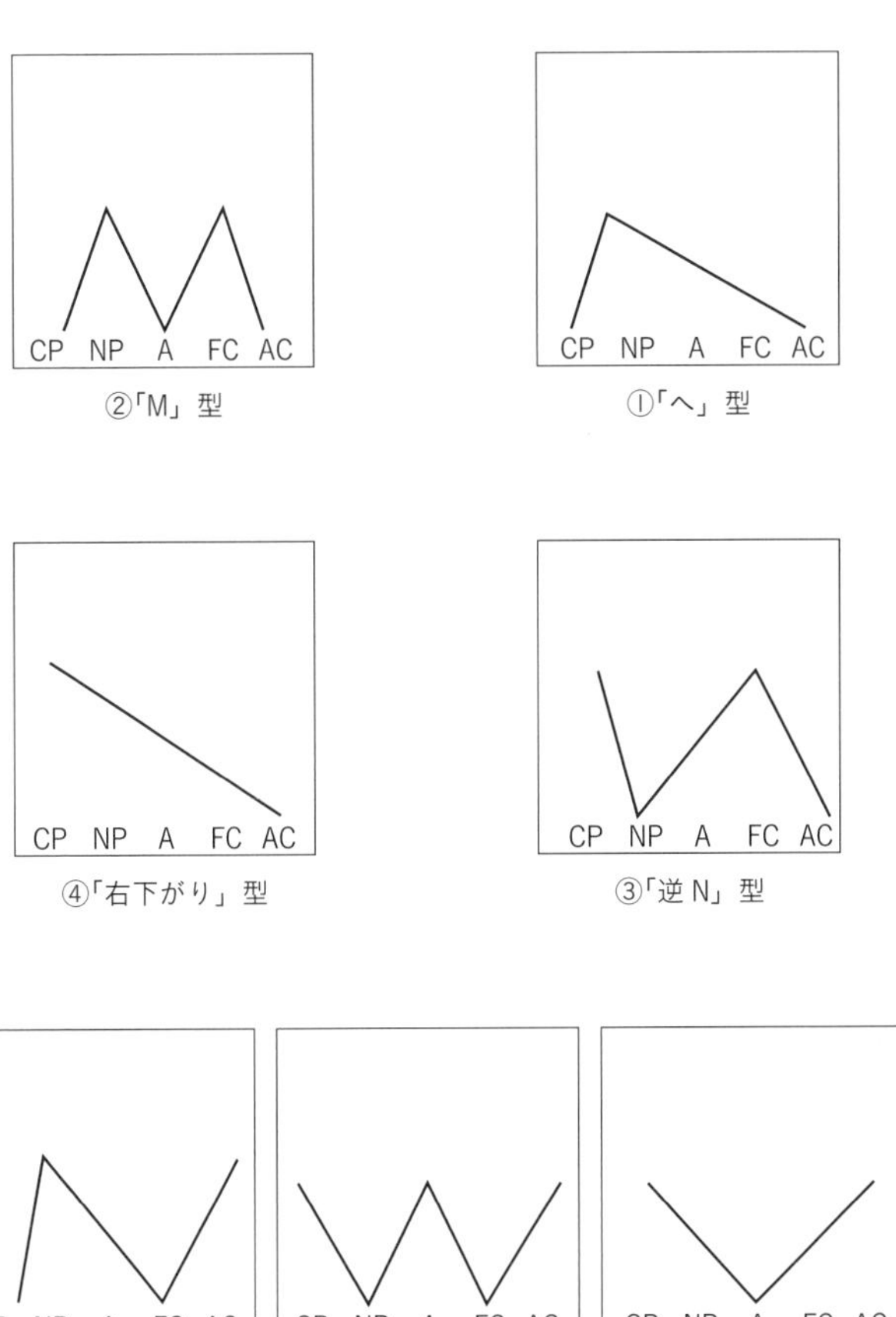

①「へ」型　②「M」型　③「逆 N」型　④「右下がり」型　⑤「V 字」型　⑥「W」型　⑦「N」型

①「へ」型…円満教師

このような山型のパターンを描く人は、バランスがよく、自分も他人も肯定的に評価できる人と考えられています。

素直で前向きな考え方ができるので、一般的に教職員間・保護者・子どもとのトラブルが少ないもの。

NPが高く、子どもをおだやかに優しく包み込むことができます。山型がなだらかであるほど理想的。鋭角的だと、常識がなく、理屈っぽい割には実行力のない教師と言えるでしょう。

CP NP A FC AC

素直
前向き

②「M」型…明朗教師

朗らかで人懐っこいのが特徴です。**子どもや同僚、保護者とのあたたかなコミュニケーションを築くのが得意。**人気の教師、職員室のムードメーカーともなり得ます。

しかし、Aの高さがある程度保たれていないと、無責任なお調子者で、周囲にとっては大迷惑となってしまいます。楽しさはあるものの、規律が守られない学級になってしまうことがあります。

人懐っこい
ムードメーカー

③「逆N」型…自己主張教師

信念とリーダーシップをもち、学級をグイグイ引っ張ります。CPとFCが高いため、自己中心的なところがあり、指導者的な態度である。「こうあらねばならない」と理想を掲げ、好奇心で次々と目標を見出しては、それに向かって突進しようとします。子どもや同僚に対する思いやりが少ない。

　人に合わせたりするのも苦手です。それゆえに、人との隔たりが生じることがあります。

CP NP A FC AC

リーダーシップ
好奇心

④「右下がり型」…頑固教師

理想が高く責任感が強い反面、融通がきかず、自分にも他人にも厳しい。石頭の頑固親父的な教師である。この特徴がよい方向に発揮されれば、信念をもって目標を達成しようとする頼もしいリーダーになれます。

逆に問題となるのは、頑固で排他的な面が強調されるときです。ＡＣが低いために、人の意見に耳を貸しません。また、ＦＣが低いために、面白みのない堅物人間となってしまいます。この結果、イライラして怒りっぽくなってしまうのです。

CP NP A FC AC

責任感
頑固

⑤「V字」型…葛藤教師

自分も他人も否定的に評価するのが特徴。気まじめであり、仕事に責任感があります。心の中で、強い自分と弱い自分がいつもケンカしています。自他共に完全を求める厳しい自分と、言いたいことが言えない自分が、心の中でいつも葛藤しています。そうすると、答えが出ないような問題にまで、いつも悶々と悩むことになってしまいます。

また自己表現が苦手。子どもには厳しく、近寄りがたい教師となります。

否定的
自己表現が苦手

⑥「W」型…苦悩教師

自分の悩みを自分で分析することができ、悩みながらも仕事の面ではがんばれてしまう。その分、ストレスもまともに受け止めてしまいます。校務文章の資料をつくったり、企画を練ったりすることが得意。

人のミスに対して容赦がないので、冷たい先生と思われがちです。自己批判の意識が強すぎて、自己卑下に陥りやすいところがあります。

⑦「N」型…献身教師

世話好きでお節介、なにごとにも忠実な教師と言えます。「自分は二の次」として、人のために尽くしてしまいがち。他人のために行動するので、子どもや同僚、保護者の尊敬を集めます。

しかし、遠慮がちでなかなか文句が言えないし、子どもにはっきりと指導ができません。損な役回りを押し付けられることもあります。自己犠牲、自己卑下に陥りやすい。そのためにストレスがたまりやすく、様々なストレスの病気にもなりやすいので注意が必要です。

人に尽くす
遠慮がち

自分に当てはまるエコグラムの形は、あったでしょうか。

セミナーで実施していると、圧倒的に多いのは「M」型です。陽気な先生に多い。

続いて、「へ」型や「W」型も多く見受けられます。

ともあれ、これが、みなさんの基本の自我状態です。

「こんなのいやだ!」と思われる方は、大丈夫です。

自我状態は、変えることができます。

どういう形に変えたいのか、図に赤鉛筆で書き込んでみましょう。

改善案を考える

「へ」型を目指して

人間関係を円滑に進めたいと考えるのであれば、「NPを頂点とする『への字』を目安にすることになります。

では、自分のエゴグラムを変えるには、どうすればいいのでしょうか。

ジャック・デュセイ博士の唱えた「エネルギーの恒常仮説」という理論があります。私たち一人ひとりがもつエネルギーの総和は、常に一定であるという説です。許容量は、変化しないということです。

その理論の中で、デュセイ博士は、自分自身のエゴグラムを変化させたい場合、その時点での自分の一番低い、あるいはもっと高くあって欲しいと思う自我状態を高くするやり方が最上策であると述べています。

その結果、エネルギーはその時点であまり必要でないと思われる自我状態から自動的に移行するというわけです。

例えば、エゴグラムの棒グラフの底辺をパイプでつないだような図を想像してみてください。各自我状態の値を示す棒には、そのパイプを通してエネルギーが自由に流れ込むようになっている仕組みです。

高く表出している自我状態を無理矢理低くするのではなく、表出度の低い自我状態を高めるようにしてみましょう。

例えば、FCが高くてAが低い場合は、Aを高めるようにします。論理的に物事を考え、取り組むようになります。そうすると、必然的にまじめになりますので、FCが下がっていきます。

では、ここからは、各自我状態を上げる方法について紹介します。次のような行動や、言葉を用いるようにしてみましょう。

CP（父性）を上げる方法「厳しさを高めるには」

頑固な石頭をもつ

CPは、年齢に応じて、自然に上がっていくと言われています。また、仕事によっても上がります。例えば、管理職や、学年主任、体育主任など、責任感とリーダーシップを求められるポジションの人は、CPが上がっていきます。

それでもなお低いという人は、ガンコ親父をイメージした行動をとってみましょう。人を叱る、というのが急には難しくても、新聞の見出しやテレビ番組について、ブツブツ文句を言うくらいなら簡単ではないでしょうか。

教師のCPの値が低ければ、「頼りない」と感じさせてしまいます。不安を覚えさせてしまうこともあるでしょう。子どもにとってみれば、「もしも私がいじめられたとき、先生は周りを指導できるのだろうか」と感じるところになるからです。

教室の統制を保つためには、ある程度のCPの高さが必要になるのです。

(行動)
身近な出来事を批判する
不適切な行動に対して子どもを叱る
最後まで譲らない物を一つもつ
ルール・マナーにこだわる

(言葉)
〜すべきです。
〜しなければならない。
〜してはいけません。
ちゃんとやりましょう。

CPを上げるにはガンコ親父をイメージした行動をとる。

NP（母性）を上げる方法「優しさを高めるには」

聖母のように振る舞う

NPは、「優しさ」を示す部分です。NPを上げるといっても、最初から聖母のように助け、万人を愛するというのは、難しいところです。**ただ、旅行をしたときに、学年の先生におみやげを買ってあげるとか、それくらいなら誰にもできそうです。**

いつもなら怒ってしまうような場面で、「どうしたの？いつもの君らしくないね。何かあったんじゃないの？」と心配しましょう。 探しものをして困っている子どもに声をかける。つらそうな子どもに「大丈夫？」と尋ねる……というように、思いやりの気持ちをもった行動をしてみましょう。

もっとも簡単なのは、とりあえず、「そうだね」とあいづちをうつこと。「でもね」から「そうだね」へと、言葉を変換させましょう。

〈行動〉
相手の気持ちになって考える
子どもの長所を見つける
にっこりとほほ笑む
ネガティブな行動に反応しない

〈言葉〉
あなたの気持ち、よく分かるよ。
つらかったでしょう？
よくできたね。
それが君のいいところだね。

NPを上げるには聖母のようにふるまう

A（大人性）を上げる方法「論理性を高めるには」

最新コンピュータになりきる

客観的な見方や分析力をつけるために、あなたが模範とすべきなのは、人間ではなく、コンピュータです。コンピュータができることをまねて、知的な作業を増やしてみることです。簡単なことから始めてかまいません。子ども達の記録をつける。教材研究に取り組む。授業がうまくいかなければ、なぜそうなったのかを考える。手始めに、教材研究の本を買い、読書から始めてみましょう。また、アプローチを変えてみます。「厳しく教える」ではなく、「ていねいに伝える」ようにするのです。

まず、「なぜ、この活動をするのかを伝える」「具体的にどうやればよいのか、手順を伝える」、この2点に力を入れます。そして、確認をします。「その指示を聞いて、どう思ったのかを確認する」「不安な点がないのかを確認する」「終わった後も、定期的に確認の場を設ける」、このように考えて行動することにより、Ａの高い教師になることができます。

（行動）
記録をつける
感情に流されず、客観的事実を把握する
ルールやパターンがないか調べる
ほかの人ならどうするか考える

（言葉）
問題点は何ですか。
あなたの一番言いたい事は何ですか。
いま、何をするときなのでしょうか。
もう少し詳しく説明してください。

Ａを上げるには最新コンピューターになりきる

FC（自由な子ども性）を上げる方法「面白さを高めるには」

FCは、「楽しさ」の部分を表しています。まず言葉を変えてみましょう。「すみません」という言葉は、なくしてしまいましょう。そして、「ありがとう！」と元気よく言いましょう。

子どもの前では、導入で授業にひきつけられるように、楽しい工夫をしてみましょう。人形劇をする。ぬいぐるみと対話するなど、教師がピエロとなり、子どもを楽しませるようにします。

休み時間には、子ども達と遊びましょう。冗談を言い合いながら、目いっぱい遊びましょう。

この部分が低すぎると、子ども達からすれば「面白みのない先生」だと感じさせてしまいがちなものです。

面白い先生になれるように、テレビ番組などから、様々なネタを取り入れていきましょう。

（行動）
「～！」のついたセリフを言う
冗談を言う
とにかく笑う
何か夢中になれることをする
子どもと遊ぶ

（言葉）
おはよう！　おいしい！
おもしろい！　やってみよう！
さあ、楽しもうね！
仲間に入れて！
すごい！　わあー！　へー！

FCを上げるにはお笑い芸人のようにふるまう

ＡＣ（順応な子ども性）を上げる方法「謙虚になるには」

イエスマンになる

ＡＣは、「従順さ」を示すもの。この値があまりにも低い人は、「ガンコ者」として捉えられがちです。時には「協調性のない人だ」と悪い評価をされることもあるでしょう。

まずは、学年主任や、管理職の話を、黙って聞くことです。「でも」「だって」「えっ？」などと、逆説的な意味がある反応や言葉も禁止です。そのかわり、「そう思っているんですね」などと、相手の考えを理解しました、という反応をしてみましょう。

チームとして仕事を進めるためには、大切な自我状態です。相手に安心感を与えるために、絶対に否定しないように心がけましょう。そして、最後まで話を聞くようにすることです。ただし、あまりにもこの値が高ければ、子ども達の反抗的な態度を受け入れてしまいます。そこそこの高さを保つことができるようにしたいところです。

(行動)
他人の言葉をさえぎらない
相手がどう考えたか聞いてみる
相手をとにかく立てる
遠慮・妥協してみる
上手に甘えてみる

(言葉)
こんなこと話していいのでしょうか。
すみません。ごめんなさい。
あなたがどう考えているか気になります。
これでいいのでしょうか。

ACを上げるにはイエスマンになる

コラム　ＣＰ優位の先生は変わることが難しい

自我状態の理論を知ると、多くの人が「変わろう」とするものです。

しかし、ＣＰ（父性）が高い人は、変わることが難しいです。

なぜかといえば、「自我状態理論だと？　こんなのは、間違っている」とか、「私は私のやり方でやっているんだ」とか、自分を貫くのが、そもそもＣＰの高さだからです。

ＣＰの高すぎる先生の学級は、悲惨です。

極端なＣＰで締め付けているので、子ども達は、ＡＣ（順応な子ども性）で反応します。そうなると、毎日ビクビクおびえて過ごすことになります。教師が怖くて不登校になる子どもも現れます。

ほかの教師が窓の外を通っただけでも、子どもは「担任が来たのではないか」と思い、全員ふりかえるようになります。

不思議なことに、そういう学級は「統制がとれている」「まじめなクラスだ」と管理職からよい評価をされることがあります。ＡＣは躾にあたる部分なので、そういう評価になるのでしょう。

しかし、これからの時代を生きるのに、「人の顔色をうかがって行動する」ような態度は、そこまで必要なものでしょうか。

「考える人になってほしい」「優しさをもってほしい」と考えるならば、むしろＣＰは下げて、Ａ（大人性）とＮＰ（母性）を高めていく必要があると私は思います。

教師のＣＰの高さは、できるだけ下げることです。

「そんなの、変えなくてもいいよ」と思っている先生は、「実はかなりＣＰが高いのかもしれない」と疑いましょう。そして、ＮＰとＡを発揮し、子どもを伸び伸びと育てていけるように心がけましょう。

第7章 クラスをまとめるコミュニケーション

フック

先生によって雰囲気が変わるのはなぜか

「先生によって、学級の雰囲気が変わる」

これまでに様々な学級を見てきて、そう感じることはありませんでしたか。おとなしく、まじめなクラスをつくる先生もいれば、荒れさせてしまいがちな先生もいます。

ちなみに、私が担任をすると、だいたい元気いっぱいのクラスになります。

実は、これは「教師のあり方」が、学級の子ども達に影響を与えているのです。

どうして、教師のあり方で、そのような変化が起こりえるのか。

これは、エゴグラムから理解することができるのです。

自我状態には、「フック」という作用があります。

フックとは、自分側の自我状態の働きかけにより、相手側の自我状態を引き出す働きを示し

ます。

例えとして、私の経験を1つ挙げます。

私の勤めていた小学校では、「就学時健診」なるものがありました。小学校に入学する前の子ども達が、健康診断を受けに来校していました。

教師は、10人程度の子どもをひとまとまりにして引率します。

子ども達は、はじめての小学校なので、みな緊張しています。基本的に、A（大人性）で行動しています。AC（順応な子ども性）も高いです。「まじめでよい子」の状態です。言われたことを真剣にやります。

そのときの私は、「チョット緊張しすぎているな」と思い、おどけながら手品をやってみせました。これは、「FC（自由な子ども性）」からの働きかけです。

子ども達は、大いによろこびました。そして、キャッキャとはしゃぎ始めました。

すると、はしゃぎやふざけが止まらなくなり、移動に収拾がつかなくなってしまいました。

私の「FC」からの働きかけにより、子ども達の「FC」を引き出してしまったのです。

これが、「フック」の効果です。

教師の自我状態が子どもの自我状態をフックする

自我状態のフック

先ほどの例では、教師である私の自我状態が、子どもの自我状態に影響を及ぼしてしまいました。FCで接することにより、子どものFCを引き出してしまった。

このように、自分の自我状態が相手の自我状態を引き出す働きのことをフックと呼びます。

では、5つの自我状態で関わると、それぞれどの自我状態をフックするのか。

もしNP（母性）だったら、Aだったら……というように、5つのチャンネルについて考えてみましょう。

ポイント
自我状態のフックが学級に影響を与える

CPのフック

では、CP（父性）から見てみましょう。ドラマでいうと、『女王の教室』のような状態ですね。

基本的に、CPはACをフックします。威圧する態度に反応し、順応な子どものように従おうとする心が働くのです。学級がガチャガチャと騒がしくなってしまったり、礼儀知らずな振る舞いを見せたりする場合は、この自我状態から働きかけるとよいでしょう。また、気をつけたいのは、「ACの低い状態に働きかける」ということもあり得ます。

つまり、「反抗」「ふてくされ」などを引き起こしてしまうことも考えられます。

CPはACをフックする

NPのフック

NPは、どうでしょうか。

おおらかな人柄に包まれていると考えてください。

NPは、FCをフックします。NPでにっこりとほほ笑まれたら、相手は身構える必要もなく、ありのままの自分でいられるのです。

子ども達は、のびのびと「自分らしい」姿で振る舞うことができるようになります。

NPはFCをフックする

CP
NP
A
FC
AC

CP
NP
A
FC
AC

自分のペースでいいからね！

うん！

Aのフック

Aは、どうでしょうか。ビジネス会話などがそうですね。今、私はAをもって説明をしていますので、これを読んでいるあなたは、きっとAの状態のはずです。

Aは、Aをフックするのです。子どもがその場にふさわしくない態度を見せる場合は、Aで働きかけるのがもっとも有効です。子ども達は、自分が今何をするべきなのか、考えて行動を省みるようになるからです。

最も簡単な働きかけは、質問です。

「今、何をしたらいいと思う?」「できることは何かな?」などというように、質問すると相手は頭を働かせ、Aの状態になります。

AはAをフックする

理解できましたか?
CP
NP
A
FC
AC
CP
NP
A
FC
AC
質問があります。

FCのフック

FCは、どうでしょうか。お笑い芸人のようにお調子者と出会うと、どうなるのでしょう。お笑い番組を見て、感じてみてください。

FCは、NPとFCをフックします。

「ねえ、飲みに行こうよ」と誘われたら、みなさんはどう反応しますか。「よーし、行こう！」となるか、「そうだねえ、行こうか」となるかもしれません。

子ども達も、おどけてみせる先生を見ると、一緒におどけたくなります。もしくは、「もう、先生ったら」と、母性的にたしなめるような行動をみせることがあります。

FCはNPとFCをフックする

ＡＣのフック

ＡＣは、ＣＰとＮＰをフックします。反抗したり、スネたりする行動を見ると、人はＣＰで働きかけたくなります。あるいは、母性的に諭そうと考えます。

子どものＣＰの値が高ければ、「先生、いい加減にしてよ！　もう！」と反抗的になることが予想されます。子どものもつＮＰの数値が高ければ、「まあ、先生、大丈夫ですよ」と許してくれることでしょう。

つまり、ＡＣから働きかけることは、子どもの反抗的な心と、養育的な心が、どの程度育っているのかを計る尺度としてみることもできるのです。

ACはCPとNPをフックする

教師のフックが、学級の状態に影響する

どの自我状態が、どの自我状態をフックするかは、これまでの説明で理解できたことでしょう。このことから、先生によって、学級の雰囲気が変わることも説明することができます。

前章でおこなった「先生エゴグラム」の表と、フックについて考えてみることをおすすめします。自分の中の強い自我状態が、学級の状態を作り出しているのです。

例えば、CPが優位の先生の学級では、AC（イイ子）の学級になります。

躾けられた状態ですが、言われたことしかできないような子ども達になります。

あるいは、反抗としてのACから、「やってられねえよ！」と反撃の狼煙を上げるような学級崩壊を起こしがちになります。

NPが高い先生の学級では、子ども達のFCが育ちます。

自由にのびのびとします。ただし、自由過ぎるあまりにこれもまた「学級崩壊」へとつながる恐れもあります。

なってほしい自我状態を考え、自分のあり方を変える

自分の基本的な自我状態を見つめ直せたなら、状況に合わせて自我状態を変化させる術も身につけたいところです。

例えば、図書室などで、真剣に読書活動に取り組ませたいとき……ここでNPを発揮すれば、子ども達はFCで反応し、騒ぎ始めることが考えられます。

図書室などでは、CPを高くして、子どものACを引き出して、マナーを守らせようにするのがよいでしょう。

例えば、教室で考える作業をするときは、子どもをAの状態にしなければなりません。だったら、こちらはAからコンピュータのように働きかける。

学級のお楽しみ会では、存分にはしゃいでも大丈夫。こんなときは、NPやFCから、子どものFCを働かせてあげればよいのです。

その場の状況に合わせて、教師が自我状態を変化させる。

そうやって、子どもの状態をコントロールできるようにしていくと、不要な叱責が必要なくなります。

ポイント

①その場にふさわしい子どもの自我状態を考える

②その自我状態がフックできるように、教師の状態を作り出す。

③子どもの自我状態をフックする。

教師の自我状態と学級の雰囲気

Aの高い先生のもとでは、子ども達もAで「考える」ようになります。

FCの高い先生のもとでは、子ども達もFCで応えます。これも、割と騒がしい学級になることでしょう。あるいは、「もう、先生ったら……」などと、たしなめるようなNPの心も育ちます。

ACの高い先生の学級は、子どもはCPが優位になり、偉ぶるような態度が蔓延します。

自我状態理論を知れば、自分の性格が学級に与える効果を知ることができます。それが望ましくないと考えるのであれば、教師自身の自我状態を見つめ直し、あり方を変えてみましょう。

自分の自我状態と、それが及ぼす影響について、ここで今一度見つめ直してみましょう。

ポイント **教師の自我状態が、学級の自我状態に影響を及ぼしている。**

教師の自我状態が学級の子どもにフックし、雰囲気を作る

コラム 「へりくだり過ぎ」に注意

人の自己紹介を聞くときに、違和感を覚える言い回しがあります。

「教務主任を務めさせていただいております、○○です」

「このたび、実行委員長をやらせていただきます、○○です」

このような、へりくだった表現です。

不必要なほどにACを発揮するのは、あまり健全とは言えません。このような言い方をする人は、役職や職務へ就くことについて「位が高い」と感じているのでしょう。だからへりくだる言い方で、自分を下げているのです。

しかし、役職は役職にすぎず、そこに上下の関係はありません。どこまでいっても、人と人とは人間的に対等な関係です。

「教務主任を務めます○○です」「このたび実行委員長となりました○○です」

このように、普通に言えばよいのです。

事実を、事実のままに言うこと。へりくだり過ぎの表現は、控えるようにしましょう。

第8章

コミュニケーションの危機を乗り越える方法

臨戦態勢からの脱出

ピンチな状態への対処方法を知っておく

子どもから「それは、おかしいんじゃないですか」と反抗される。

同僚から「そんな案件は通らないぞ」と否定される。

学校での仕事を進めていく中では、このように「どう返したらいいんだ……」と冷や汗が出る場面があるのではないでしょうか。

教師は学校という空間において、日々同じ人間関係を続けなければなりません。

その人間関係に臨戦態勢が訪れることは、非常に危険です。こじらせれば、毎日辛い思いをし続けなければならないということになります。

コミュニケーションに関する争いの状況が訪れたときは、まずは戦わずに解決できることが一番の良策です。争ったり、ケンカしたりするのは、決して賢いやり方とは言えません。

争いには、副作用があるからです。

人と戦うことは、ガラスのかけらの山に手を突っ込むようなものです。ガラスのかけらを相手に投げつけて、相手を傷つけることはできるかもしれませんが、ずっと傷ついているのはあなた自身なのです。

とはいえ、それでいつも言われっぱなし・やられっぱなしでよいかと言われれば、そういうわけでもありません。やはり、戦い方の術を知っておくべきです。

そして、いざ戦いになった場合には、スマートに終わらせることが望ましいと言えるでしょう。

コミュニケーションの危機的状況をうまく進めるためには、それなりの技術が必要なのです。

相手からの攻撃をうまくかわし、よりよい方向へと運んでいく方法を提案します。

ポイント
まずは、戦わないことが一番。

主導権を握る

子どもが言うことを聞かないとき

BEFORE

A君！　静かにしなさい！

なんだよ。先生、俺ばっかり注意しやがって。みんなもやっているじゃないか。

き……君が、一番騒いでいるからだろう！

うるせえな！　ほっとけよ！

「子どもが、自分の指導には従わない。あの先生の言うことには、きちんと従うのに……」

そんな悩みをもったことはありませんか。

指導に従わせることができる教師がいます。そういう教師は、子どもとの関係性において、

「イニシアチブを握る」ことができている場合が多いものです。イニシアチブというのは、子どもとのコミュニケーションにおいて、「主導権」を握ることです。

家族や親友など、身近な人を思い浮かべてください。だいたいの場合、どちらかが主導権を握っているはずです。子どもが言うことを聞かないのは、両者の関係性において、子どもの側に主導権が在る場合が多いのです。

子どもとの関係において「主導権を握る」ためには、子どもの言動に教師が振り回されないこと。そしてさらに、教師の言動で、子どもを動かすことができるようになることです。

方法は、人によって様々です。例えば、「挑発する」という手立てをもって、イニシアチブを握ることができます。子どもに対して、解けるはずであろう簡単な問題で、「君たちには、ちょっと難しいと思いますけどね……」などと、否定的な物言いをします。すると子ども達は、「解けるよ！」「できました！」と、ムキになって反論します。そこで教師は「おお！　できるなんて……」と驚きます。これは、教師の言動で子どもを動かすことの一つです。

ほかにも、子ども達がカメラマンに写真を撮ってもらい、何も言わなかったときなどは、「普通、こういうときはお礼を言うものですがねえ……」とつぶやきます。すると、子ども達は慌てて「ありがとうございました！」と言います。これも、教師の言動によって、子どもを動かしているわけです。このような些細なやりとりの積み重ねが、イニシアチブの獲得につながるのです。

指導するにあたっては、教師の側に主導権が獲得されていれば、困難なく進めることができるものです。かつては、保護者も地域も、誰もが「学校では、先生の言うことをよく聞くのですよ」と言ってくれていました。しかし、最近はそのような追い風もなくなりました。**戦略的にコミュニケーションを図っていかなければ、「イニシアチブ」を獲得することが難しくなっているのです。**なお、「挑発言葉」の詳細については、拙書「教師の言葉かけ大全」（東洋館出版社）をご参照いただければ幸いです。

AFTER

先生、俺ばっかり注意しやがって。なんだよ、みんなやってるじゃないか。

そうか。では、君より騒いでいる人は、誰かな？

えっ……!?

ポイント **イニシアチブを握り、譲らない。**

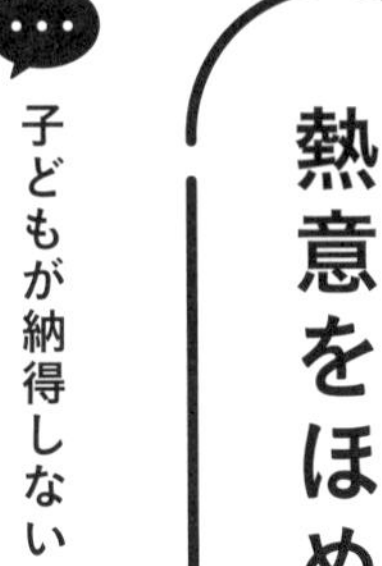

熱意をほめる

子どもが納得しないとき

BEFORE

おかしいじゃないですか。2年前のクラスでは、シャーペンを持ってきてもいいことになっていたそうですよ。今年はダメだなんて、どうかしていますよ。

ダメなものは、ダメなんだ。いい加減に理解しなさい！

もう少し考えてみてくださいよ！

ここでは、あくまでも子どもがふっかけてくる反抗的な議論において、自分の意見を優位に立たせるか、少なくとも相手のよくない意見に飲み込まれないようにするための技を紹介します。

まずは、相手をほめます。そんなところで、「ほめる」なんて、どういうことなのだろう？と思う人も、きっといることでしょう。相手の議論を優位に立たせるような発言は、避けるべきです。

「その通り」「素晴らしい」「なるほどそうですね」などと子どもを盛り立てて同調すると、相手の意見にあなたが賛同することになってしまうことになります。もちろん、本当に賛同する場合はそれでいいのですが、反対する場合は、それでは困ります。

それでも、相手をほめてしまう方がよいことがあります。それは、相手をほめるのではなく、熱意をほめるようにするのです。同じほめるのでも、相手の意見そのものをほめてしまうと、相手が優位に立ってしまいます。

しかし、相手の意見そのものはほめずに、一生懸命に調べたことや、熱心に話をしていること、がんばって議論をしていること、などといった熱意だけをほめたたえるのです。

「しかし、〇〇くんは、本当に熱心ですね」

「すごいですね。よく、そこまで考えたね」

このように、熱意をほめられて嫌な気分になる人はいません。相手は喜び、さらに熱心に話し続けることでしょう。

でも、ここで大切なのは、「相手の意見をほめたたえているわけではない」ということです。

逆に言えば、「よくがんばった、よく考えている。……でも、内容はまだまだ」という意味を暗に含んでいるのです。

純粋に子どもの意見をまだまだだな、と思ったときでも、それでも一生懸命に何とかしたいと考えている誠実な子だ、熱心な子だというときには、熱意をほめてあげれば、相手は議論に負けても、達成感を得ることができ、話し合いは円満に終わることでしょう。

AFTER

おかしいじゃないですか。2年前のクラスでは、シャーペンを持ってきてもいいってなっていたそうですよ。今年はダメだなんて、どうかしていますよ。

なるほど。**効率よく勉強したいと考えている、その熱意が素晴らしいね。**

ええ……だから、使用可として考えてくれますか。

どうして今年はシャーペンを禁止にしているのか。これには、理由があるのですよ。それを説明しますね。

ポイント **熱意だけをほめる。**

予想外の反応をする

やりとりを早急に終えたいとき

やりとりがうまくいかないときは、早めに交流を終えてしまうことが大切です。早急にやりとりを断ち切りたい場合は、交流を交差させることがポイントです。**人は、やりとりをするときに、相手から「ある自我状態で反応が返ってくるだろう」と予測しています。**

例えば、「こんな活動やりたくないよ」とダダをこねる子どもは、NP（母性）から「そんなことを言わずにやってみようよ」と宥めてくれる先生を求めていることが予想されます。非建設的な行動でストロークを得ようとしているのであれば、これは交流を断ち切ったほうがよいのです。**具体的に言うと、相手の期待を裏切る反応を返すようにするのです。**

相手の予想を裏切り、A（大人性）から返してみると、「やりたくない理由を説明しなさい」

と冷静に尋ねることになります。また、CP（父性）から「そういうことを言うんじゃない！」と厳しく返すのもいい。あるいは、FC（自由な子ども性）から「先生も子どもだったらやりたくないなあ。まあ、できるところまでやってみようよ」と対応するのもよいでしょう。

このように、思ってもいなかったような反応が返ってくると、子どもは驚き、そこに間が生じます。これで、やりとりは終了させられるのです。相手の予想していない交流をすることを、「交差交流」と呼びます。

一番スタンダードなのは、Aで返すことです。非建設的な働きかけをしてくる子どもは、手応えを求めているので、冷静に返されるのが一番歯がゆいものなのです。満足感を与えないことが大切です。

詩人の寺山修司は「醒めて、怒れ」と言っています。相手と同じ土俵に立たないこと。苛立ちそうな場面でも、クールに醒めた返しをするのが肝要なのです。子どもは、教師のどのような反応を期待して働きかけてきているのでしょうか。それを予測して、期待を裏切る言葉で返すようにすれば、嫌なやりとりを早く終了することができるのです。

ポイント **予想を裏切る反応を返す。**

相手の予想していない反応をする

テンションを下げさせる

子どもが興奮状態にあるとき

子どもは、興奮状態になるときがあります。楽しくあそび続けた後などは、テンションが上がります。**ＦＣが異常に高くなっているときは、指導が入りにくくなります。それは、「お祭り状態」だと言えます。**

例えば、お祭り気分で最高潮に盛り上がっている人に、「静かにしてよ」と言っても、おそらく聞き入れてもらえないはず。「うるせえよ！」と返ってくることもあるでしょう。

教室でハイテンションな子どもも、これと同じです。

授業を受けさせるにあたっては、必要以上にテンションが上がらないように気をつけなければいけません。

テンションが上がり過ぎている場合は、テンションが下がるような活動を取り入れるのが望ましいと言えます。

例えば、読書の時間をつくる。

読み聞かせをする。

瞑想の時間をとる。

ゆったりと深呼吸をさせる。

このように、シーンと静かな時間をつくり、子どものテンションが下がるように働きかけます。

静かになったところで、「まずは、何から始めていけばいいと思うかな？」というように問いかけ、行動を促すようにします。

子どもが騒ぎ立ててうまくいかない場合は、子どものテンションを下げるように気をつけてみましょう。

ポイント **テンションを下げさせる**

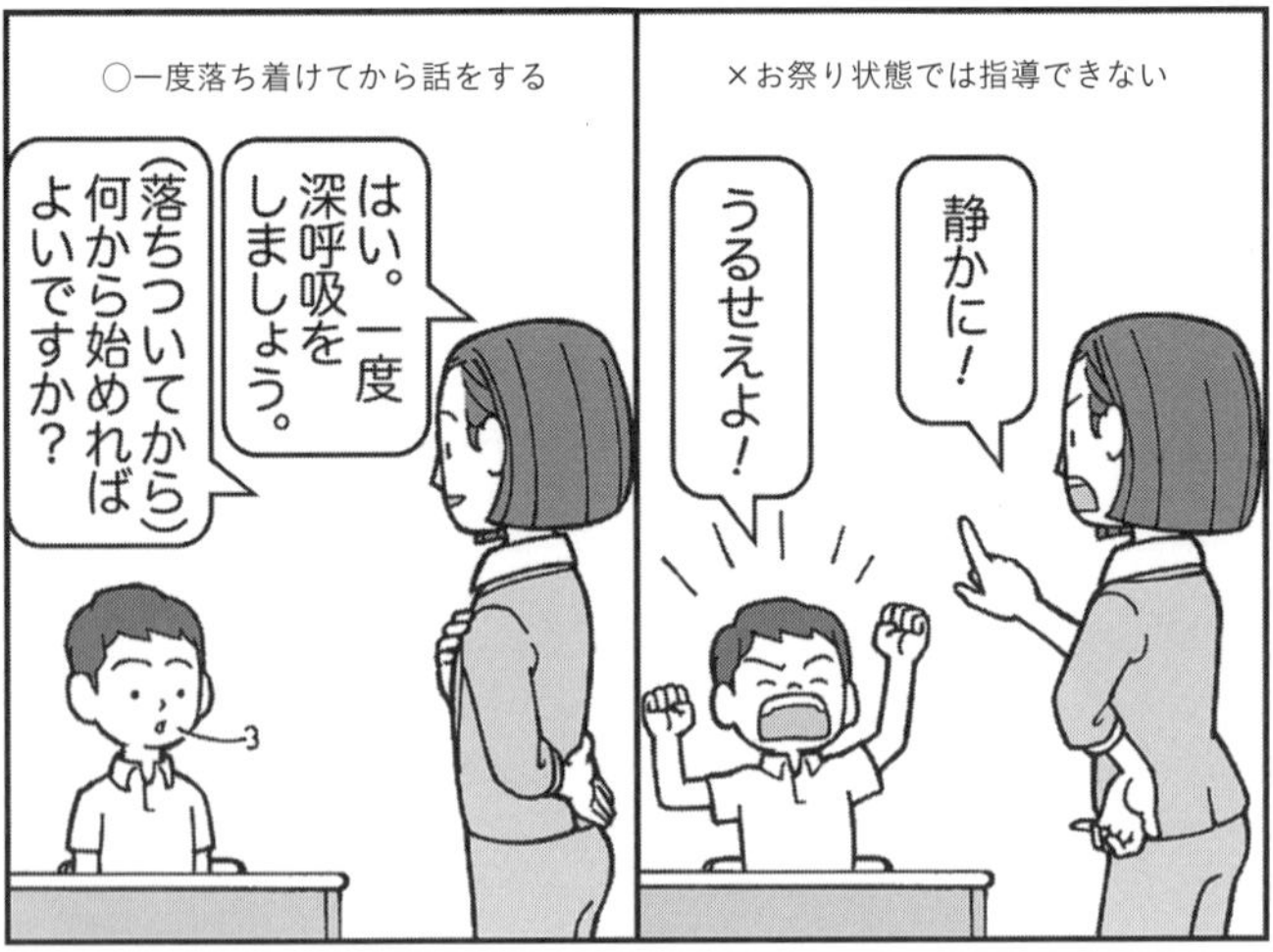

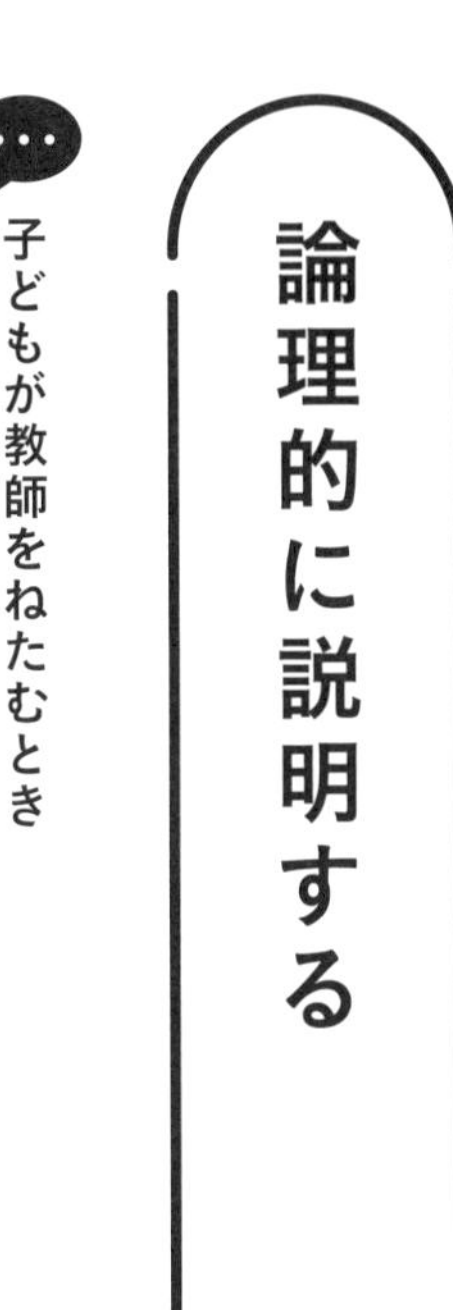

論理的に説明する

子どもが教師をねたむとき

BEFORE

先生は、職員室でコーヒーを飲んでいますよね。

ああ……まあ、飲んでいるけど。

先生ばっかり、ずるくないですか。私たちには、お茶しか持ってきてはいけないって言うのに、どうして自分たちは美味しいものを飲むんですか。

うーん……大人は、いいんだよ。

そんなの、ずるい！

学校では、このように子どもが「先生だけずるい」ということがあります。

服装にせよ、文房具にせよ、「自分たちと同じような状態」を求めるところがあります。こういう子ども達は、「子どもも教師も同じであるべき」という迷信にとらわれているのです。

思い切って質問をぶつけてみることです。

「そもそも、先生とあなたたちは、同じ立場ですか。」と投げかけます。

同じ立場ではないことに気づかせます。そして、「教師と子どもが同じ立場である」という迷信を改めさせるようにします。子どもを納得させるには、有無を言わせぬ論理的な根拠が必要です。法律等の面から明確に説明し、納得させましょう。

AFTER

先生は、職員室でコーヒーを飲んでますよね。

ああ……まあ、飲んでいるけど。

先生ばっかり、ずるくないですか。私たちには、お茶しか持ってきてはいけないって言うのに、どうして自分たちは美味しいものを飲むんですか。

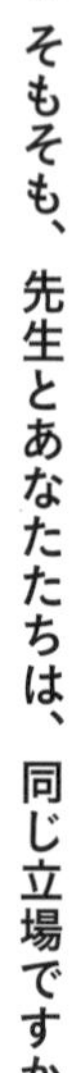

そもそも、先生とあなたたちは、同じ立場ですか。

えっ……

子どもが我慢しているのだから、教師も我慢すべきだ……と考えているようですね。でも、これは大きな間違いです。労働基準法という法律があります。働く人の権利を守る法律で、私たち教師もそれにのっとって仕事をしています。その中に、一定の時間働いたら、休憩を必ずとらせることと書かれています。警察官も、会社員でも、みんなそうです。でも、学校の先生は、昼休みだからといって、休憩することができません。なぜかというと、学校に、あなたたち子どもがいるからです。つまり、先生というのは、休み時間なしに働いているわけです。その先生が、ほんの短い時間休むのが職員室です。そこでコーヒーを飲むなどして、リフレッシュしているのです。それに対して、みなさんは勤労者ではありません。学習者です。学習者と勤労者は、一緒ではありません。例えば、お医者さんが患者さんのいない間にコーヒーを飲んだからといって、「ズルい」となりますか。なりませんよね。

先生と、君達とは立場がちがうのです。このことを知っておいてください。

はい……(なるほど、そうか。立場がちがうのか)

ポイント **論理的に説明し、納得させる。**

質問で返す

答えたくない質問をされたとき

「彼氏いるの？」

「将来どうするつもりなの？」

「なんで離婚したの？」


このように、同僚から答えたくない質問をされることがあります。

そんなときは、次のような質問で切り返す言い方がオススメです。


「彼氏ねぇ。○○先生は、彼氏いるのですか？」

「将来のこと、悩みますね……○○先生は、どう考えてるんですか？」
「離婚ね。どうしてなんでしょうね。○○先生のところは、円満ですか？」

はぐらかしつつ、言われたことをそのまま聞き返すのです。

そうすれば、多くの場合、話の矛先は別の所に向くものです。
それでも、蒸し返されたくない過去のことを質問されたときには、ズバリと切りましょう。

「過去のことには、あまりこだわっていないんですよね。」
「これからのことしか、考えていないんだよね。」

こう切ったあとに、「ところで」という形で、別の話題へと移りましょう。

質問返しをしていれば、それ以上に突っ込まれることはあまりないと考えられます。

ポイント
嫌な質問には、質問で返す。

プレッシャーを与える

管理職がおかしなことを言いだしたとき

BEFORE

職員の働き方を改善していこう。

いいですね。

では早速、職員全員で、働き方を改善するための会議を開こうじゃないか。

はい……（また会議が増える。そういう考えがあるから、改善されないんじゃないか！）

相手の意見の誤りをなんとかして突きたい。

でも正論なので、指摘することができない。

こういう場合でも、相手の話の中にある矛盾を見抜くことができれば、それを指摘すること

によって、相手の意見のおかしさを強調することができます。

論理的かどうかは、筋道がスッキリしているかどうかで決まります。

そこに矛盾があればアウトなのです。

相手の意見が正論であり、堂々たるものだった場合でも、話の中で、最初に言っていたことと、後から言っていることがかみあっていない、矛盾がある、といったことに気づくことができれば、それを指摘することができます。

相手の話が上手で、スキが見られないという場合ほど、相手はたくさん話をするはずです。たくさん話をするということは、どこかで思わぬ矛盾が出てくる可能性があります。

そのような矛盾を見つけ、指摘することができます。

どういう理由で、どこが、どのように間違っているとか、そんなことまで話す必要はありません。矛盾を指摘することは、事実を指摘するだけなのです。

「さっきの話とちがいますよね」

「話が矛盾していませんか」

「先ほどは、××とおっしゃっていましたが……」

このように、相手の話のなかにある矛盾を指摘して、「矛盾していませんか？」というふうに話を向けるだけでよいのです。

矛盾を突けば、おそらく管理職は、「うっ」と言葉に詰まることでしょう。

そして、代案を提示するなどして、矛盾しないラインに話を運んでいけばよいのです。

AFTER

職員の働き方を改善していこう。

いいですね。

全員で、働き方を改善するための会議を開こうじゃないか。

全員参加の会議を増やすことは、働き方を改善することと矛盾しませんか？

あ、ああ……そうかもしれないね。

代表者で会議をやってみてはどうでしょうか。それなら、大きな労働時間の損失にはならないと思いますが。

ああ……そうだね。そうしてみよう。

ポイント

相手の矛盾を指摘する。

証拠を示して納得させる

提案した案件に納得しないとき

あなたが、校務分掌の企画などについて一生懸命に話をしているにも関わらず、質問をしてこない。「ふーん」とか、気のない言葉しか返ってこない。

そんなふうに、相手に、話半分で聞かれてしまうようなことがあります。

もちろん原因は、あなたの提案や意見そのものとまったくちがう意見を相手がもっているために、何を言っても通用しないということにあるのかもしれません。

しかし、もしかしたら、そうではなくて、あなたの喋っていることが、本当なのか確認できず、相手に伝わらないという場合もあるのです。

こうした状況が起きるのは、2つの原因が考えられます。

①あなた自身に信頼がない
②相手が厳格な証拠を求める

①では、あなたのポジションが主張できる立場になかったり、過去の実績から判断されたりする場合が多いです。これに対して、②では、証拠が必要になります。

そこで、どのような証拠を出せば信頼してもらえるか、ということが重要になるわけです。**大切なのは、「客観的な記録を提示する」ということです。**

「学習指導要領に、このようなことが書かれていまして……」と言っても、相手がその事実を知らない場合には、本当にそういうことがあったのかどうかわかりません。それらを裏付ける証拠を一つひとつ提示しながら、話をするのです。きちんとした証拠がなくても、何らかの記録などはあるはずです。できる限りの資料を集めて、一つずつ提示していきましょう。

相手は、あなたの人格そのものを信用できないと判断しているのではなく、証拠が足りていないために、信用できるかどうかを判断できない場合が多いものです。

客観的な証拠を示す方法を、まずやってみましょう。

ポイント **客観的な証拠を突きつけ、納得させる。**

関係を修復する

同僚に言い過ぎてしまったとき

子どもでも同僚でも、言い争いになった場合は、必ずアフターフォローを行いましょう。例えば、会議の場で議論になったときなどは、その後に、相手の教師のもとに行きます。「さっきは、言い過ぎてすみませんでした。」などというように伝えに行きます。子どもには、「さっきは厳しく言ったけど、君の気持ちもわかるんだよ」というようにします。

集団の前で気まずい状態になったなら、個別に対話をするべきです。それを逃すと、「もう二度とあの人とは口をききたくない」というように、人間関係が崩れる原因ともなり得ます。そうなれば、その後の職務に大きなひずみが生まれることは避けられないでしょう。

ポイント **トラブルの後は、個別にアフターフォローをする。**

コラム　男女で叱り方は変えるべきなのか

小学校では、高学年女子の叱り方が話題になることがあります。

「高学年女子の指導には気をつけましょう」

まことしやかに言われがちな説ですが、これは果たして本当なのでしょうか。

男女で叱り方を変えているという先生は、もしも子ども達から、「先生は、どうして男女で叱り方を変えているのですか」と尋ねられたとして、これに正確に答えることができるのでしょうか。「女子だから、丁寧に指導しているんだよ」とでも言うのでしょうか。

そのような概念を覚えさせることは、非教育的です。もはや、「男子だから」「女子だから」というような時代ではないのです。

私からすれば、「高学年女子には気をつけろ」というのは、「男子には乱暴に指導しても大丈夫」と言っているように思えるのです。そうではないはずです。丁寧に指導しているのであれば、そこに男女のちがいなどあるはずがないのです。男女のちがいを問わず、すべての子どもを、公平に示し導くのが教師だと、私はそう思います。

第9章 クレーム対応

3種類のクレームに分類する

保護者からクレームの種類

クレームの種類は、大きく分けて3つあります。

クレームを受けた場合は、次のどれに該当するかを考えることです。

①教育や行事に関するクレーム

行事の内容に疑問がある場合です。**体育大会や校外学習など、授業の取り組みについて問題があるようなときに、これを指摘するようなクレームです。**

このようなクレームの場合は、ほかの学校と比較されていることがあります。

このタイプのクレームには、改善の余地があり、それほどこじれることはありません。クレームを言ってくれたことに感謝の気持ちをもって対応し、改善に着手していきましょう。

子どもへの指導に関するコミュニケーションエラーが原因で、クレームが発生することがあります。

「子ども達への指導の仕方がよくない」
「不親切だ」
「連絡がない」
「なぜ約束を守らない」

このような指導に関するクレームでは、自分の子どものことを大事にしてくれなかったというネガティブな気持ちが大きく影響していることがあるので、難しいクレーム対応になる傾向があります。 ただ、子どもや保護者の方に嫌な気持ちを与えてしまったことに対して、教師側がしっかりと説明すれば、保護者の方は「わかってくれた」と考えてくれるようになります。

自分たちのほうに非があったのであれば、素直にお詫びしましょう。

「今回の件は、私の指導の行き過ぎがありました。誠に申し訳ございませんでした。」としっかり謝罪すれば、あとはそんなに気にすることありません。

「これからもお願いしますね。」と言われ、また信頼してもらえるようになります。

必ず挽回できると考えてしっかりとした対応を心がけましょう。

②教師のコミュニケーションに関するクレーム

③思い込みや勘違いによるクレーム

どれだけ一生懸命に子ども達のために仕事をしても、クレームはゼロにはなりません。**それは、保護者の方の思い込みや勘違いからクレームが起きるからです。事実を伝えることが、保護者の方や子どもにとって不利益になるため伝えにくく、こじれやすいクレームです。**

仮に相手の勘違いであったとしても、まずはこちらの対応が十分であり、保護者の方への説明が不足していたというように、自分たちの意見があると考えましょう。「自分たちのほうに、もう少し配慮があればよかった」と考えるべきです。

このように、一概にクレームと言っても、３つの種類があるのです。クレームを受けた場合は、これらのうち、どれに当てはまるかを考えてみましょう。

ポイント **3種類のクレームを見分ける。**

まずは受け止める

保護者からのクレームがおさまらないとき

BEFORE

先生、うちの子どもが、先生にひどく怒られたって言っていますのよ！　いったいどういうことなの？

事情を説明しますね。実は、Ａくんは、先に手を出してですね……

うちの子だけが悪いっていうことですか!?　ひどいです!!　先生は、ひいきをしているんじゃないですか!?　もう、信じられない！

いや、そういうことではなくてですね……（もう、まいったなあ……）

それではこんなときにどう対処するか、ということを考えてみましょう。

クレームを言う相手は、CP（父性）で働きかけてきています。このような相手に対して、予想通りの反応を返さない「交差交流」を行うと、相手は屈辱感を覚えてしまいます。

「私の気持ちを分かってくれていない」と感じさせてしまうのです。本来は交流を断ちきりたいところですが、いきなり交差すると、相手に反感を買わせてしまいます。

そこで、このようなときには、まず一度AC（順応な子ども性）で受け止めるようにします。「お話ししている事情はわかりました」「ご心配をおかけして、すみません」「あなたの気持ちはわかります」というように、こちらのACで受け止めるのです。

これを、クッション言葉と言います。クッション言葉は、次のようなものがあります。

- お詫び申し上げます。
- 誤りがございました。
- 肝に銘じて参ります。
- 恐縮するばかりです。
- 反省する点が多くありました。
- はずかしい限りです。
- 勉強不足でした。

・全く私どもの認識不足でした。
・そこまで考えが及びませんでした。
・私に手違いがございました。
・返す言葉もございません。
・ご不便をおかけしました。
・お手数おかけしました。
・あってはならないことでした。
・大変失礼いたしました。
・心苦しい限りです。
・至りませんで……
・努力が足りませんでした。
・私どもに不注意がございました。
・なんと申し上げてよいのやら。
・非礼をお詫びいたします。
・弁解の余地もございません。
・猛省しております。

しかし、いつまでもACで対応していては、いつまでもそこでの交流が続いてしまいます。**ACで受け止めた後、そのあとA（大人性）で対応します。**問題を解決する方法を提供するなどがそれにあたるでしょう。子どもが反抗してみせる場合など、強い働きかけが起こっている場合は、一度それを受け止め、それからちがった自我からの働きかけをすれば、相手に嫌な気を感じさせずに、やりとりを断ち切ることができるようになります。

AFTER

先生、うちの子どもが、先生にひどく怒られたって言ってますのよ！　いったいどういうことなの？

ご心配をおかけしまして、申し訳ありません。こちらから、ご連絡すべきでした。……では、事情を説明しますね。実は、2人のトラブルは、次のような流れで起こったのです。

はい……（あ、ウチの子も悪かったんだ……）

ポイント　**一度クッション言葉で受け止める**

5つのステップで対処する

保護者からのクレームにうまく対応できないとき

BEFORE

（小学校低学年の子どもを給食準備時間に指導。その日の放課後の電話にて）

うちの子どもが、給食の時間に叱られて、給食を全く食べずに帰ってきたと言っています！　ご飯を食べさせないなんて、あんまりじゃないですか！

いや、そんなことはありませんよ。確かに、給食前に話の聞き取りをしましたが、給食時間は確保しました。

それでも、うちの子どもは全く食べていないって言っていますよ！　こんな小さい子どもの食べる時間を奪ってまで、何を叱ったんですか。おかしいじゃないですか！

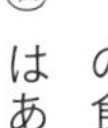

はあ……申し訳ありません……（時間は十分にあったはずだ！　まったく……）

では、ここからは、実際にクレームが起きたらどう対応すればよいのかについて、具体的に解説していきます。失敗しないための5つのステップを徹底する必要があります。

①お詫び

最初にやるべき事は、お詫びすることです。クレーム対応では、最初に謝ったほうが、早く保護者の方の怒りを鎮められるのです。なによりも、最初に謝ると、クレームを受ける時間が圧倒的に短くなります。

例えば、今まで1時間かかっていたようなクレーム案件が、5分程度で解決したり、場合によっては、最初に謝って許してもらったりすることもあります。

とはいえ、勘違いや行き違いによるクレームであれば、謝罪するのには気が引けるところもあると思います。

そこで行いたいのが、「限定付きの謝罪」です。保護者の方の怒りの気持ちに対して謝る手法が、限定付きの謝罪です。事実は把握できていなくても、「保護者の方の怒りの気持ち」「心配させてしまったこと」に対してはじめに謝るのです。

「まず、ご心配をおかけしまして、申し訳ありません」

「私の不手際のせいでご迷惑をおかけしまして、申し訳ありません」

このように、保護者の方のネガティブな感情に寄り添う謝罪の言葉を投げかけるようにします。**クレームの怖いところは、どんなに関係を築きあげている保護者の方でも、初めて受けもった保護者の方でも、苦情やクレームのあった時点で、そこに対立関係が存在していることです。対立したままでは関係づくりができることはありません。つまり、この対立関係を対話できる関係に変えなければ、クレームはいつまでたっても終わらないのです。**

だからこそ、最初には、謝罪をするとよいのです。

前項目の「クッション言葉」を用いて、限定的に謝罪します。

②事実確認と要望確認

事実確認ができていない場合は、この時点で「事実を確認しますので、また明日お電話させていただきます。」と伝え、電話を切ります。

すでに事実確認できている場合は、保護者の方の要望の確認をします。

③解決策の提示

そして、事実確認ができた場合は、解決策を練ります。

解決策の考案には、管理職や学年主任など、複数の意見を取り入れて考案するようにしましょう。これには、よりよい方策を練ることと、責任を１人きりで追わないようにする意味があります。

保護者の方に、その内容を説明します。**解決策については、3回に分けて説明するようにしましょう。**

まずは、１回目では解決策の内容をわかりやすく伝えます。

クレーム対応の解決策を提示する際は、どれだけ保護者の方にわかりやすく説明できるかがポイントになります。

わかりやすく説明するためには、子どもにも理解できるような基準に設定します。具体的には、小学校の高学年の児童でも理解できるくらいに、噛み砕いて説明するようにしたいところです。

④背景や根拠を示す

次に、２回目の解決策の提示として、**このような事態になってしまった背景や根拠を伝えます。**

保護者の方がクレームを言ってくる事柄に関して、「どうしてそうなってしまったのか」という背景があるはずです。それを説明して理解してもらうのです。

もう一つは、根拠です。

なぜ今回このような事態に陥ってしまったのかということを、論理立てて伝えるのです。

⑤過去の事例を示す

また、3つ目の解決策の提示として、過去の事例を伝えることも重要です。

過去の事例を話すとは、以前に同じ経験を受けた際に、どのような対応をしてきたのか、過去の事例等の自分たちの経験を伝えることです。

このように、5つのステップに沿ってクレームを処理します。

残念ながら、同じようなクレームは何度も起こるものです。

そのようなクレームについて、人やタイミングによって対応を変えてはいけません。一貫性をもたせるようにします。

そうすることで、どんなときでも毎回同じ対応をしていると伝えることができるようになります。

実際に、どのように5つのステップを進めていくのかを、次の事例から見てみましょう。

AFTER

うちの子どもが、給食の時間に叱られて、給食を全く食べずに帰ってきたと言っています！　一体どういうことですか！

まず、ご心配をおかけしまして誠に申し訳ございません。そして、Aくんにもお腹がすいてかわいそうな思いをさせてしまいました、この点について、お詫び申し上げます。

①お詫び

ええ……こんな小さい子どもの食べる時間を奪ってまで、何を叱ったんですか。

実は、給食を食べる前に指導を行っています。**このため、指導によって給食を食べる時間がなかったということはありません。**

②事実確認と要望確認

ただ、**指導によって、緊張する思いをさせてしまい、これによってご飯を食べることができなかったようで、この点については、反省の点があります。**

③解決策の提示

今回、Aくんは緊張することによってご飯を食べることができなかったのだと思います。

このくらいの年頃の子どもは、悲しいことがあったり、驚いたことがあったりすると、ご飯を食べることができないというのは、考えられることです。

ただ、個人的に何かを聞き取ったり、じっくりと話を聞いたりするのは、給食を用意する時間くらいしかないというのが現状なのです。今回の件に関しましても、「給食の準備中」

に話を聞いて、その後、給食の時間をとり、また昼休みに続きの話を聞いたという流れになりました。 ④背景や根拠を示す

どうしても、時間のない中で指導を行っていますので、この点については、ご理解いただければと思います。

ああ、そういうことだったんですね……

実は、同じように、別の保護者の方からご指摘いただいたことがあります。そのときも、指導によって驚いてしまって、その後の勉強が全く進まなかったということでした。

⑤過去の事例を示す

指導するタイミングについて、後の活動に響くことのないようにしなければならないと感じられるところです。その点について、今後は改善していきたいと思っています。今回の件、こちらの不手際で申し訳ありませんでした。ご了承いただけますでしょうか。

わかりました……そうですね。時間がないことについては、わかりました。でも、今後は叱るときを考えてください。

このようにして、クレームに対応する話を進めていきます。

ただ、このように説明しても「うちの子どもを叱らないでほしい！」などと理解が得られない場合は、保護者の方の要望に答えられないので次のように伝えることをおすすめします。

「私どもとしましては、お子様のために、できるだけのことをさせていただきたいと考えておりました。ただ、相手のお子様のこともありますので、今回は残念ながらお母さんのご要望に添うことができません。誠に残念でなりません。学校としましても、大変重く受け止めております。」

主語に「私どもとしましても」「学校としましても」というような言葉を意識的に使うことにより、組織としての決定という印象を与えることができます。

クレーム対応とは、交渉事でもあります。**無茶な要望に応える必要はありません。**

対応者側の学校が説明責任を果たし、できることとできないことを明確に伝えて、これ以上の対応はできないとお断りすればよいのです。

だからといって、突っぱねるのではなくて、保護者の方に最後まで寄り添う気持ちを忘れないようにしましょう。

ポイント **5つのステップでクレーム処理する。**

話を遮る

保護者のクレームの勢いが止まらないとき

いったん話し始めると、なかなか口を挟む機会を与えてくれない保護者の方がいます。中には、あなたのことを批判したり、周囲の意見を動かそうとしたりして話し続ける人もいます。勢いが止まらず、2時間も3時間も話し続けることもあります。

そういう人の意見を「さえぎる」ことは、通常タブーとされています。「相手の話を最後まで聞くこと」というのは、よくあるセオリーです。

しかしながら、いつまでたっても終わらない場合であれば、別の手立てが必要です。

そうした状況では、次のテクニックが有効です。

それは、相手の言うことに心からの関心を示しながら、次の言葉で相手の話を遮る方法です。

「待ってください。お母さんの話をちゃんと理解できているのかどうか、確認してもいいですか？」

「お母さんのお話を、まとめさせてもらっていいですか。正しく理解できているか知りたいので」

「ここまでのお話をまとめていいですか？」

そして、相手が今言ったことを、できるだけそのまま返していくようにします。

どれだけ怒っている相手であろうと、「きちんと理解できているか確かめたい」という要望によって、口をつぐんで話を聞いてくれるようになります。

相手も、自分の発言が正確に理解されているのかどうか、確認したいのです。目の前の人物が、話を聞いていなかったかもしれないと疑っていればいるほど、より熱心にあなたの話に耳を傾けるはずです。間違って理解されていないかどうか、確認するためです。

そして、この質問によって、教師の側は対話のイニシアチブを獲得することができます。現に今喋っているのは教師であり、会話をどの方向に進めていくのかも、教師の側で決められるからです。

教師の理解が間違っている場合は、相手が発言を正してくれます。そうすると、両者の間に共感が生まれます。実際は、これに対して、最初の説明とはちがう別の説明が返ってくることが多いものです。

「そうじゃない。さっきはそう言ったけど、本当は○○が気がかりなんだ」というように。

この発言をもう一度繰り返して、この奥のさらに別の原因がないかどうかを確かめましょう。「ということは、○○が原因なのですね？」という形になります。

ここで最後に、その問題に関するあなたの意見を伝えるようにします。

その問題を解決できるような提案を、こちらから投げかけるのです。


このように、「まとめ」をはさむことによって、衝突へと発展する可能性のあった対話が、建設的な対話となり、両者が得をすることになります。

対話が長引きそうなときに効果があるテクニックです。

ポイント **相手の話をまとめ、主導権を握り、話を解決の方向へ進める。**

断りつつ、妥協点を提案する

保護者の方から難しい注文をつけられたとき

保護者の方からの要望は、すべてに応えることがなかなか難しいもの。

個別に対応できればいいのですが、「学校としての決まり」でできないこともあるのです。

例えば、保護者の方から「虫よけスプレーを持参させてもよいか」という要望がきたとします。

しかし、学校の決まりで、「虫よけスプレー」は持ち込み不可となっています。

それでも、登下校の虫さされで、腕がアザだらけになっています。

こういう場合は、次のように伝えます。

「学校としましては、虫さされの薬品を持ち込めないことになっています。その代わり、学校で私が預かり、必要なときだけ使用することは可能です」

このような伝え方ならば、学校としての規則も伝えつつ、何かしら個別の対応を実施することができます。

このように、本当はできることはしてあげたいと思うけれど、要求通りにできない場合は、「その代わり○○ならできる」という代案を用意するといいでしょう。

ほかに次のような答え方が考えられます。

「今回はその通りにしますが、次回からは～していただけませんでしょうか」

「今回は、承知いたしました。できれば次回からは、～というようにしてもらえますでしょうか」

ポイント **代わりにできることが何かを考え、提案する。**

代わりにできることを提案する

綿密にメモをとる

クレームがこじれてしまうとき

クレームを受けているときに、保護者の方との話の中で印象に残ったキーワードだけをメモに書き残す教師がいます。

しかし、それだけでは不十分です。

クレームを受けている教師は、「こっちはちゃんとやっているのに、こんなことで怒るなんて……」などと考えることはあるでしょう。

これは、人間心理として自然なものとも考えられます。

しかし、それでは管理職に報告する段階になって、詳細な報告ができなくなります。

すると、保護者が管理職にクレームを入れたときに、詳しい情報が上がっておらず、学校としての対応に非があったと訴えられることになります。

こうした事態を防ぐためにも、メモは必ず詳しく取りましょう。

メモを見れば、事実と意見を分けることができるのです。

事実と意見を分けて報告します。

そのために、保護者の方が何と言っていたのか、その事実を正確に伝えましょう。

判断するのは、その後のことです。

ポイント **メモをもとに、客観的事実を報告する。**

事実と意見を分けて報告する

思い込みは諭す

保護者が過剰に不安を感じているとき

BEFORE

うちの子どもが、「プリントがなくなった」って言うんです。これって、盗まれたんですよね。たぶん、クラスに悪い子どもがいるって聞いていたから、その子どもかなと思うんですけど。

学校で探したところ、そのプリントについては、本人のお道具箱の下から見つけることができましたよ。

ええ、そのことも聞きました。……でも、それだって、誰かが盗んで、その後置いたのかもしれませんよね。

はい……まあ、その可能性も、ないことはないですね。

学校としては、どう対応されるおつもりですか？

はい、そうですね……学校としましては、今後二度とないように最善の対策を練っていきます。

（やっぱり、盗まれたんだ！　うちの子どものプリントは）これから、気をつけてください！

はい、すみません……（盗まれているわけないでしょう！　あなたの子どもが見落としていただけです！）

保護者の中には、現在の子どもの状況について、過剰に不安がる方もいます。

教師の側からすると、「一体どこのクラスの話をしているのだろう？」と不思議に思えるようなこともあります。

しかし、保護者の方からすれば、学級内のことというのは、子どもの話からしか想像することができず、これを過剰に捉えてしまうこともあるものです。

そういう方にとってみれば、寄り沿いすぎることで逆効果になる場合があります。

例えば、先ほどのように不安を訴えてくる場合。

こういうときに、「そうですね、今後も気をつけて様子を見ていきますので……」と寄り添って答えていると、「ああ、やっぱり盗まれたんだ」と確信をもたせてしまい、これが不安を増長させる原因となってしまいます。

教師は、教育のプロです。**保護者の方を安心させられるようにするためには、教師の目線から、断定的な物言いをすることも、時には必要です。**

ある程度断定的な物言いをすることによって、安心感を与えるようにするのです。**教師は、日々多くの子どもの様子を見ています。子どもの成長段階や、それに伴うトラブルなどについては、教師の方が理解できているはずです。**

過去に起こった同じような事例をもとにしながら分析した見解を伝えるのもよい方法です。「この年頃の子どもは、このようなことをしがちである」「このような状況でよくあるのは、このような原因である」というように、自分の意見を伝えましょう。

カウンセリング・マインドだけでは、うまくいかないことがあります。プロとして、状況を教師が分析して、自分の考えを述べ、保護者の方を安心させましょう。

AFTER

うちの子どもが、「プリントがなくなった」って言うんです。これって盗まれたんですよね。たぶん、クラスに悪い子どもがいるって聞いていたから、その子どもかなと思うんですけど……

学校で探したところ、そのプリントについては、見つけることができましたよ。

ええ、そのことも聞きました。……でも、それだって、誰かが盗んで、その後置いたのかもしれませんよね……

お母さん、今回のことに関しては、プリントを渡しているときになくなることは、よくあることなんです。そして第一、人のものを盗るのに、わざわざプリントを抜き取って、それをどこかにやってしまうということは、考えにくいです。もしやるなら、個人の名前が書いてあるような物などを盗ることが多いんですよ。

そういうものなんですか。

ええ。**だから、今回のことについては、誰かが何かを盗ったという件には該当しないと、私は考えています。**もちろん、盗ったということについては、可能性はゼロではありませんし、引き続き様子も見ていくようにしますけれども、いずれにせよ、そこまでお母さんがご心配なさるようなことではありませんよ。

ああ……そうでしたか。わかりました。すみません、変にお騒がせして（よかった、私の気にしすぎだったのね。安心した……）。

いえいえ。大事なお子様のことですから、心配されるのは当然のことです。また、何か気になることがあれば、いつでもご相談ください。

ポイント

過去の事例から分析した結果を伝える

不安に寄り沿うだけでなく、
プロとしての教師目線も伝える

コラム　付き合う仲間とセルフコントロール能力

2013年、アメリカのデューク大学が行った3つの実験によると、セルフコントロール能力の低い人が、自分よりセルフコントロール能力が高い仲間とともに過ごすようになると、誘惑に打ち克つ能力が高くなるとわかっています。

セルフコントロール能力とは、集中力を発揮するときや、欲求を制御するときに欠かせない力で、目標達成に深く関わっています。

もちろん、自分自身を鍛えることで高めることができますが、付き合う人を変えることで、自然と高められることが明らかになっているのです。

「自分は、誘惑に弱いんです……」とか、「集中力が続かなくて……」という人がセルフコントロール能力を高めたいのであれば、あなたから見て「この先生は集中力がすごい」とか、「スイッチが入ったときの決断力がすごい」「あの人の誘惑に打ち克つ力はすごい」と思えるような人に近づいていきましょう。

逆に、付き合ってはいけないのは、次のようなタイプです。

・聞き心地のよい、甘いことばかりを言ってくる人
・他人に厳しく、自分に甘い人
・論理的な根拠もなく、感情をぶつけるように話す人
・頭ごなしに決めつけて、物事を判断する人

こうした傾向のある人は、セルフコントロール能力が低く、同じ時間を過ごすことによって、あなたにもマイナスの影響が波及します。

飲み会の席で「校長の判断はおかしい」とか「学年主任がダメだから」などと、傷のなめ合いをするような集団には、属さない方がよいのです。

そういったネットワークの中に入って話を合わせていると、いつの間にか自分自身のセルフコントロール能力が下がり、負のサイクルに陥ってしまうのです。

逆に、セルフコントロール能力の高い仲間に囲まれていると、お互いが切磋琢磨し、刺激し合って成長していく関係性を築くことができるのです。

これを機会に、自分を取り巻く人間関係を客観的に眺めてみましょう。

そして、どうすれば自分をもっと好きになることができるのか、そのためにはどんな仲間と付き合うのがよいのかを想像してみましょう。

第10章

コミュニケーションがうまくいかないときの対処法

自己回復法

精神疾患と自己回復

教員の精神疾患は、後を絶ちません。

2017年教員の病気休職者は、7796人で、そのうち精神疾患が65・1%の5075人を占めます。

そのうち、復職したのは1994人で、1023人は退職しています。

文部科学省の担当者は、「業務過多や長時間労働に加え、職場の人間関係など、複合的な原因がある」としています。

かくいう私も、精神科を受診していたことがあります。

そして、退職届けの棚を開いたこともあります。（棚の中身は空っぽでしたが……）

まず理解したいことは、「学校現場そのものは、あなたの健康を守ってくれない」ということです。

今は、自分の健康は自分で守る時代です。

そして、あなたの健康は、ひいてはあなたの命は、もっとも大切なものです。

現代社会では、うつ病などの精神疾患と診断される人の数が、どんどん増え続けていると言われています。

バブルの崩壊、リーマンショックなどの経済危機……働いても働いても、給料は上がらず、人手が足りない状態が続いている会社がほとんどです。

その結果、長時間労働をさせられ、ストレスや疲労がたまる。

そんな家庭で育った子どもは、荒れてしまうかもしれません。

そして、学校現場は、教育について、世間から好き放題言われているとも考えられます。

社会の鬱憤のはけ口とも言えるのかもしれません。

悪い循環を断ち切るためには、「心のお手入れ」が必要です。

とはいえ、教師の仕事は、簡単に休むことも難しいものです。

「授業の進度は、自分にしかわからないので、休めません……」

「周りに迷惑をかけてしまうので……」

こんな風に、ちょっとしたブレーキですら、作動させることを躊躇してしまい、自分を労わることができない人がほとんどなのです。

教師は、体が資本です。

健康を失ってしまえば、そこから価値ある教育活動をするというのは至難の業です。

まず目指すべきは、対人関係における「非戦」です。

孫子の兵法で一番有名な一節として、「百戦百勝は善の善なる者に非ず。戦わずして人の兵を屈するは、善の善なる者なり」（百戦百勝と言っても、最高のすぐれた戦い方ではない。敵兵と戦わないで屈服させることこそ、最高の戦い方である）。

『孫子の兵法』が世界中の経営者に今でも愛されているのは、「限られた資源を無駄使いしない」というメッセージが、経営戦略そのものであるからでしょう。

それでも、悩みと向き合わないのであれば、いくつかの戦法をもち合わせるべきでしょう。

いくつかの技をもち、それで自分の健康を保つのです。

ここからは、コミュニケーションがうまくいかず、心傷ついてしまったときの「自己回復法」について紹介していきます。

ポイント **自己回復法をもつことが、コミュニケーションを円滑にする。**

気にしない

自分は自分と心得る

他人の視線を気にし始めると、キリがありません。

同僚と目が合うと、「自分のことを、何か陰で噂をしているのだろうか……」とソワソワしてしまう。

子どもと目が合わなかったら、「子どもに無視されてしまった、何か気に障ることをしてしまったかな……」とビクビクする。

あれこれ妄想しているうちに、すっかり気分が落ちこんで、どんどん心が曇ってきます。

人にどう思われているかを気にかけ、嫌われることなく好かれたいということばかり考えて生きていくと、結果としてたしかに皆に気に入られるようになるかもしれませんが、あらゆる

人に対して八方美人を演じるので、そのために人生の方向性が定まらず、やがて不信感をもたれてしまうことになります。

そういう人は、自分が実に不自由な生き方をしていると思わなければなりません。

敵がいないということは、絶えず人に合わせているということですから、不自由な生き方をしていると言わざるを得ません。

暗くなるし、楽しくありません。

これは、「自我」があり過ぎなのです。

心の中の「自分が」「自分が」という思いが強すぎるので、理性的な考え方ができなくなっている状態です。

他人が自分をどう見ているか、他人が何を考えているかなど、わかるはずがありません。

他人どころか、自分自身が何を考えているか、それすらわかっていないのではないでしょうか。

そもそも人の気持ちとは、わからないものなのです。

ほかの人からどう思われているかを気にすると、非常に不自由な生き方を強いられることになります。絶えず、人に合わせていかなければならないからです。

そもそも、どんなことをしても、自分のことをよく思わない人はいるものです。

10人いれば、1人くらいはそういう人がいます。学級であれば、40人のうち3人くらいは、教師のことを嫌いかもしれません。保護者にも、同僚にも、教師であるあなたのことを嫌いな人は、おそらく現れることでしょう。

こちらもその人が嫌いで、向こうも自分のことを嫌っています。

自分のことをよく思わない人がいるということは、私たちが自由に生きているということ、自分の生き方を貫いているということです。

また、自分の方針に従って生きているということの証拠でもあります。

自由に生きるための代償であると考えてもいいのです。

ですから、「他人の視線は、生きるうえでは管轄外」としておくのが正しいのです。

同僚に認められなくてもいい。管理職に評価されなくていい。

大衆の評価なんて、それほど信頼できません。

理性ある人、道徳のある人、自分のことを心配する人、そういう人に認めてもらえるようにすれば十分です。そんな、心のゆとりをもちましょう。

ポイント **嫌い合えるのは、自由の証拠。**

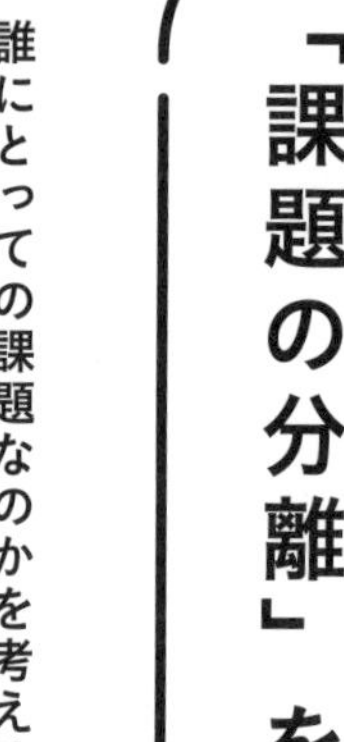

「課題の分離」をする

誰にとっての課題なのかを考える

アドラー心理学には、「課題の分離」という考え方があります。

人生のあらゆる物事について、「これは誰にとっての課題なのか？」という観点から、「自分の課題」と「他者の課題」を切り分けて考えるのです。

例えば、あなたが、管理職から嫌われているとします。

気持ちよくはありませんね。

なんとかして好かれよう、認めてもらおうとするのが、普通です。

しかし、アドラー心理学では、それを間違っているとします。

私の言動、私という人間について、他者がどのような評価を下すのか。

これは、その上司の課題であり、私にコントロールできるものではありません。

私がどれだけ好かれようと努力をしても、管理職の方は私を嫌ったままかもしれません。

アドラーは言います。

「あなたは、他者の期待を満たすために生きているのではない」

「他者もまた、あなたの期待を満たすために生きているのではない」

他者の視線に怯えず、他者からの評価を気にせず、他者からの承認をも求めない。

ただ自らの課題に他者を介入させてもいけないのです。

「課題の分離」をしてみましょう。

その課題は、誰の課題なのか。

自分の課題には、積極的に向き合うべきですが、他人の課題には介入せず、同様に、他人に自分の課題に介入させてもいけません。

あなたが悩んでいる問題は、本当にあなたの問題なのでしょうか。その問題を放置したときに困るのは、誰なのでしょう。これを冷静に考え、ほかの人の課題である場合は、介入しないように心がけることが大切です。

ポイント **他人の課題は、自分にはコントロールできない。**

60点でＯＫにする

自分に１００点を求めない

学校の先生は、概して真面目なものです。

「完全でなければならない」と自らを圧迫し、自分で自分を苦しめてしまうことも、少なからずあるものです。

そんな完璧主義の先生に、試してほしいことがあります。

それは、60点を合格ラインにすることです。

学校の仕事について、１００点満点であるとすれば、あなたは何点でＯＫにしていますか？

そのＯＫのラインを、グッと引き下げてみましょう。

１００点満点にならない自分を、受け止めましょう。

目標をもち、それを実現したいけれど、現実はまったく追いついていないとします。

そんな自分を、「これでいいよね」と受け入れましょう。

理想まで40点くらい足りなくても、失敗して当然です。

うまくいかなくてOKと捉えます。

なぜなら、教師の仕事は人間関係を中心としており、相手がどう成長するか、どう動くかなんて、教師には決められないからです。

やれるだけやったのですから、その努力を、そのまま認めるようにしましょう。

なんでもかんでもできる人間なんていないのです。

自分に100点を求めるのは、すごくつらいことです。

校務分掌、保護者との連絡、学級経営……どれもカンペキにこなそうとすれば、疲労がたまります。

一番大切なのは、心の健康を保つこと。

そのためには、心の余裕を積極的につくることです。

それができれば、ほかの人が間違いや失敗をしても、「誰にだってそういうことはある」と、寛大に接する余裕にもつながるのです。

ポイント **自分の合格点は、60点でOKとする。**

「ご飯が食べられたらすごい」と考える

行動できれば素晴らしいこと

教師という仕事は、遠く長い道のりのようなものです。

時には、方向性を見失ってしまうこともあることでしょう。

「教師の仕事にやりがいを見い出せない」

そんな風に感じることも、あるかもしれません。

そんなときは、一度立ち止まって考えましょう。

仕事には、絶対的な意義がないと、ダメなのでしょうか?

人生は、長く続いていくものです。

なるようにしかなりません。

そもそも、仕事をする中で、意義を見い出すことができている人の方が少数派なのです。

それよりも、綺麗事はなしにして、「生活するため」と言えるほうが、精神的にはとても健康的です。社会人になったからといって、「夢や目標を常にもたないとダメ」なんてことはないのです。少年ではありませんので、大志を抱かなくてもよいのです。

「毎日ご飯が食べられて、暖かい布団で寝られたらすごくいい」という程度の考えで、毎日がんばっている自分をねぎらいましょう。

そのうえで、「自分がやっている教育の仕事が、いつか誰かの笑顔につながればいいな」くらいのスタンスで働いてみるのはどうでしょうか。

自己実現をねらい、努力を重ねるのはいいことです。

でも、人間を相手にしている仕事なので、いつも成果がでるかどうかは、わかりません。

夢と現実のギャップに苦悩し、そのギャップを埋められずに、身も心もボロボロになっていくことがあるのです。

先を見なくていい。

今に意識を集中させて、「自分自身が今できることを、ボチボチやっていく」という考えでよいのではないでしょうか。

ポイント **自分のやっていることが、どこかで誰かの笑顔につながればいい。ボチボチやること。**

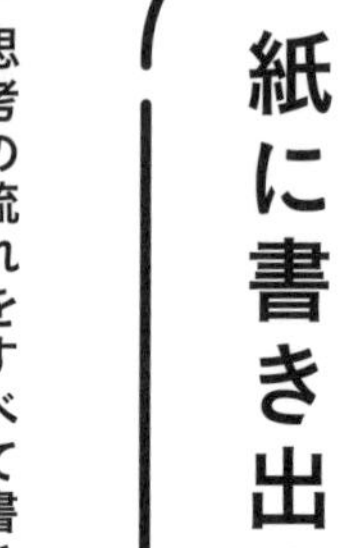

紙に書き出す

思考の流れをすべて書き出す

自分の問題について、頭の中で悶々と考え続けてしまうことがあります。


「学級のあの子はどうやったらコッチを向いてくれるだろうか」

「あの保護者は、また怒鳴り込んできやしないだろうか」


未来への不安で、たまらなくなるときがあるかもしれません。

そういうときは、紙に書き出してみましょう。

頭の中で考えてしまうと、1つの問題を、何度も何度も頭の中でリピート再生してしまうことになります。

すると、1日中その悩みを繰り返し想起し、まるで何十個も何百個も悩みがあるかのように感じてしまいます。

頭の中で考えるのをやめましょう。

頭の外で考えるのです。

それが、「紙に書く」ということです。

今、あなたに悩み事があるのであれば、1枚の紙に今頭の中で悩んでいることを書き出してみましょう。

気になっていることを、全て書きます。

紙に書き出してみると、悩みの原因は、意外と少ないことに気づくでしょう。

ずっと考えていたのに、悩んでいる事柄の数自体は少ないのです。

この時点で、気持ちはかなり楽になることでしょう。

書けたら次のステップです。

今の悩みを書き出したら、「その悩み事に対して、どうしたらいいのか?」を、紙に書きながら、紙と相談します。

相談をするあなたと、その相談にアドバイスを与えるあなたの会話を、紙に書き出すようにするのです。

何があったの？
　保護者の方にうまく子どものことを伝えられないな。
具体的にはなにがダメなの？
　子どものことを心配して言っているのに向こうが怒ってくるんだ。
どうして怒るのかな？
　たぶん「責められている」ように感じるんじゃないかな。
なのに、どうして向こうは、そう受け取るのかな。
　もしかすると、私の言い方が高圧的だったのかもしれない。
そうだね。
　今度からは、言い方を変えてみよう。
そうしてみよう！

このように、紙面上で会話を行い、状況を客観的に捉えて自分にアドバイスします。課題の分離をして、自分にできること、自分の課題にチャレンジするのです。

ポイント **紙に書き出すことで、頭の外で考える。**

状況を客観的に捉える
×頭の中で考える
ああ、どうして私はできないの。私が悪いの！
○頭の外で考える
保護者の方に怒られた。今度からは言い方を変えてみよう。
自分にアドバイスする

俯瞰する

自分をカメラから見てみる

カッときたときは、自分の肉体を離れて、自分を上から見ることを強く意識してみましょう。スッと霊体のように自分から抜け出して、3Dで上から見て冷静になるのです。怒りがこみ上げてきたときには、上から客観的に見るようにするのです。

ドラマのワンシーンを見ているかのようにして、客観的に自分を見つめます。

自分を見ながら、「この人はどうして怒っているのだろう」と考える。

そして、自分を見ながら「この人はどう感じているのだろう」と考える。

そうやって、俯瞰して状況を眺め、心をなだめるのです。

ポイント **俯瞰して眺めるうちに、心をなだめる。**

ドラマの１シーンを見ているように見つめる

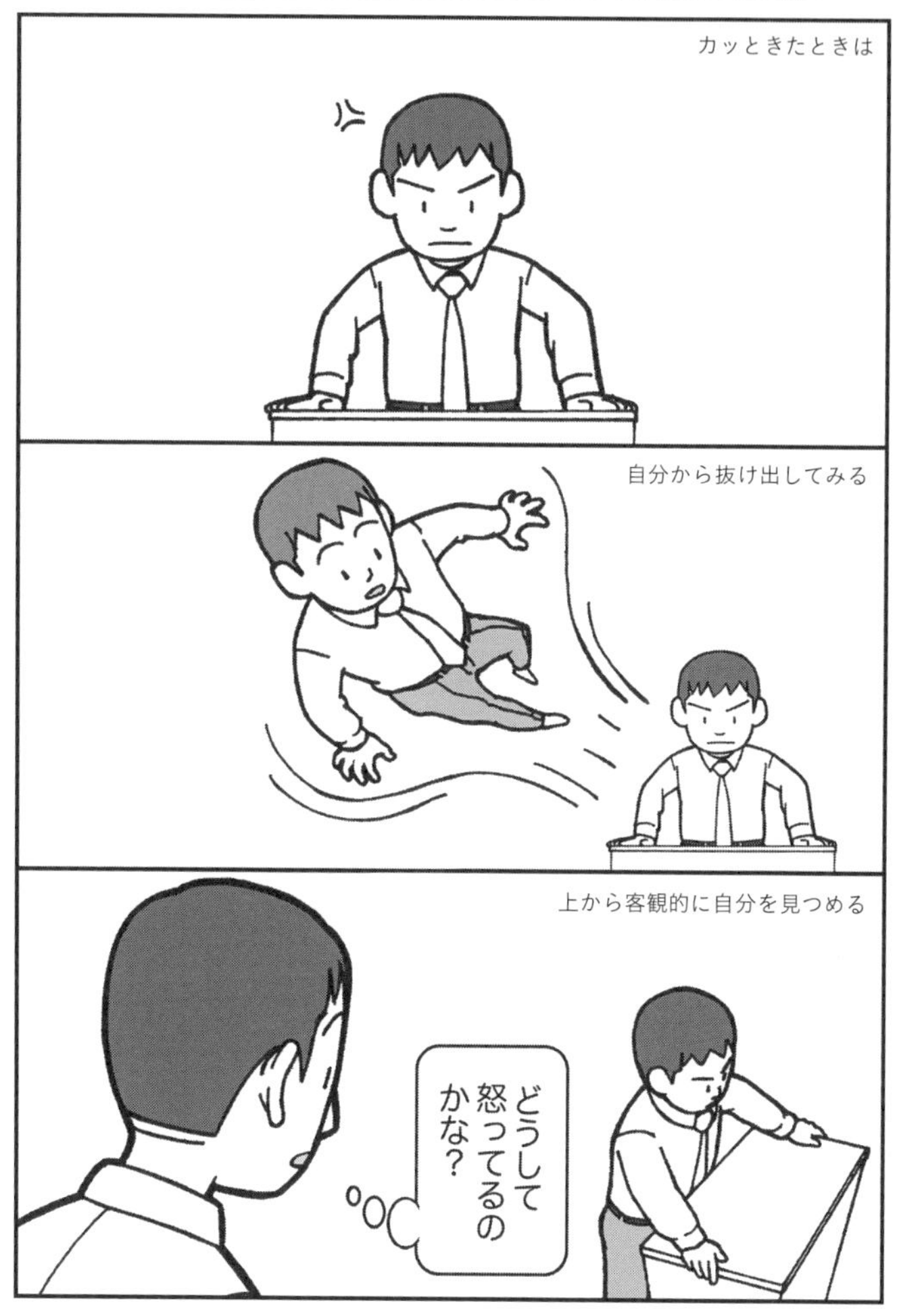

相手を別のものとして捉える

もしも、全く別の人から叱られていたとすれば？

管理職の先生から理不尽に叱られる。

どうしようもないようなことを保護者の方から怒鳴られる。そういうことはあるものです。

「どうして、自分ばっかり……なんなんだ、この人は……」と嫌になってしまうような場合に有効な方法があります。

それは別のものに捉える方法です。

例えば、「老人と捉える」ようにします。

そうすれば、「ああ、おじいちゃんが叫んでいる」と捉えることができます。

もしくは、とても幼い子どもに変換するのもいい。

「幼い子どもがわめき散らしている」と捉えれば、許せるかもしれません。

いま目の前で怒ったり怒鳴ったりしている人を、「ちがうもの」であると考えるのです。

ポイント

相手を「おじいちゃん」や「幼い子ども」に置き換えてみる

「ちがうもの」であると考える

一度の失敗を「永遠の大失敗」に置き換えない

失敗は、誰にでもある。

「またミスしてしまった」
「何をやっても裏目に出てしまう」

こんな悩みを抱えてはいませんか。人間ならば、誰でも失敗をします。ヒューマンエラーといって、これをゼロにすることは絶対に無理なことです。この可能性を減らすために、ＩＴやＡＩが導入されてきたのです。

もちろん、あなたが「この人はすごい人だ」と思っている人でも、絶対に失敗をします。

かくいう私も、ミスだらけです。

研修主任として研究授業をやっているにも関わらず、問題設定が難しすぎて、子どもが全く話し合わない、活動しない……そんな失敗授業をしたことがありました。

誰にだって、大小を問わず失敗をするのです。

周囲から見れば小さな失敗であっても、あなたからすれば大きな失敗をしてしまったと思うことがあるでしょう。

しかし、1回の失敗で、今までのあなた自身のすべてをダメにした、と思う必要はありません。

あなたが一生懸命に取り組んだという結果は変わりません。

失敗したことを、受け入れるしかないのです。

変えることができないことに対して、必要以上に悩む必要はありません。

決して1回の失敗で、あなたという人間の価値が決まるわけでもありません。

それに第一、失敗したことについて、「すべて」が失敗だったのでしょうか。

例えば、研究授業当日に失敗してしまったとしても、授業単元としては、うまくいっていたのかもしれません。

授業そのものはよくなくても、子ども達には力がついているかもしれません。

そこまで進めることのできた自分自身をほめてあげることです。

それこそ、何よりも先に行うべきことです。

わずかでもいいので、心の中にゆとりのスペースを作り出しましょう。

心のスペースができてから、失敗をどのように修正するかを考えるのです。

失敗して、自分のミスばかりで頭がいっぱいになってしまっていては、次に進むことができなくなります。

修正作業には、1人でチャレンジする必要はありません。

もし、自分の能力を超える内容ならば、その弱さを認めて、周囲にSOSを出せばいいのです。

あなたの気持ちに共感して、力になってくれる人が、きっと現れるでしょう。

ポイント **「すべて」が失敗ではない。何かいいことはある。**

相談する

ネガティブな感情を吐き出す

一つでも悪いことがあると、それをずっと引きずってしまい、「人生がまったくうまくいかない」と思いこんでしまう人がいます。**そのような先生の共通点として、「ネガティブな感情を吐き出す場所がない」ことが挙げられます。**

仮に、そのような場所が準備されていたとしても、他人に自分の悩みを打ち明けるのは恥ずかしいと考え、すべてを自分一人で抱え込み、ふさぎ込んでしまうのです。

思い悩んでいることを、口にして吐き出すだけでもずいぶんと楽になります。

友人や家族などの身近な人に話しにくければ、心理カウンセラーなどに相談しましょう。

アドバイスがもらえなくても、話しているだけで、少し心が楽になってくるはずです。または、管理職に相談してみましょう。

「仕事内容」や「人間関係」のトラブルであれば、「異動」するだけで解決する場合もあります。今すぐ異動できないとしても、「来年の春に異動できるように調整する」などは、できることが多いものです。

「管理職に相談しても無駄だ」と考えて相談しない人もいますが、相談によって改善されるケースは多く見られるものなのです。

管理職に相談できない場合は、学校内の先輩に相談してみましょう。学校内が気まずいようであれば、学校と関係ない友人に相談をもちかけてみるようにします。

相談するだけで、自分の状況が整理されて、今のシチュエーションを冷静に見直すことができるのです。

目先の人間関係が苦しく、「辞める・辞めない」で迷っているときは、頭の中がごちゃごちゃと混乱していることが多いので、感情的になります。短絡的な判断をしてしまい、後悔する人が多いのです。

誰かに相談して第三者目線を入れることで、感情的な判断で大失敗するリスクは、大きく減らすことができるのです。

ポイント **誰かに相談することで、思考を整理する。**

仲間をつくる

仲間に共感してもらう

悩みを解消するのに何よりも有効な方法は、仲間をつくることです。

一人きりだと、「自分は周囲の期待に応えられない人間なんだ」などと、自分を追い込んで、全く必要のないプレッシャーを自分でかけてしまう悪循環にはまります。

そのままでは、あなたが潰れてしまうのも、時間の問題です。

でも、もし近くに仲間がいれば、孤独感から抜け出すこともできます。思考停止状態になる前に、仲間がサポートをしてくれることも考えられます。住んでいる近くに、教員サークルはありますか。ネットで調べてみましょう。

多くのサークルが、「見学のみOK」という形をとっているはずです。

そういうところへ足を運び、悩みを打ち明けてみましょう。

まずは、自分と同じようなポジションで、理解し合える立場の人を仲間にしましょう。1人で戦わないようにすることです。

教師という仕事は、日本中に仲間がいます。

小学校教師だけでも、40万人近くいるのです。

同じような悩みを抱いている人は、必ずどこかにいるものです。

今や、SNSも自由に活用できる時代です。守秘義務を守りながら、自分の悩みを匿名で打ち明けてみましょう。同じような思いをもった人がアドバイスしてくれることがあります。

SOSが出せないほど身も心もボロボロになる前に、あなたの胸の内をさらけ出しましょう。あなたの周囲には、そのSOSに反応して、心強い仲間になってくれる人がきっといるはずです。

ポイント **仲間をつくり、悩みを打ち明ける。**

「期間限定思考」をもつ

残りの期間を考える

誰しも、できるならば自分とウマの合う人とだけ一緒に過ごしていたいものです。

しかし、学校現場では、そのようなことばかり言っていられません。気の合わない同僚、保護者の方とも接していかなければなりません。そして、子どものことは、気が合わないとしても、彼らを成長させなくてはなりません。

とはいえ、自分の健康を犠牲にしてまで付き合うべき人や仕事は、この世に1つもありません。

どうも関係がうまくいかないときに取り入れたいのが、「期間限定の思考」です。

どんなにつらいことがあっても、終わりが見えているのと、そうでないのとでは、心のもちようは全くちがってくるのです。

学級が崩壊してしまい、どうしようもないのであれば、どうもしなくてもよいのです。

学級の関係は、恋愛関係のようなもの。学級崩壊しているのに、関係を改善しようと模索し続けるのは、振られ続けているのにアプローチをしかけるのと同じです。

そんなことは、しなくてよいのです。

授業はきちんとやりましょう。ただし、休み時間になったら職員室に帰る。子どもとの距離をとる。そうやって、教えるべきことは教え、耐え凌ぐのです。

同僚とうまくいかないのであれば、ビジネスとして割り切り、必要最低限の連絡にとどめ、関わりの数をできるだけ減らして過ごしましょう。

どちらの関係も、終わりがあります。

そこまで、なんとかもちこたえましょう。

「期間限定のお付き合いである」という考えをもつようにすることです。あと「○か月の辛抱」と考えることで、何とか耐えられることもあるのです。

ポイント

「あと○か月」と捉え、耐える。

エンプティ・チェアをする

教室の椅子で1人カウンセリングをする

カウンセリングを受けたい。でも、カウンセリングの場にまで足を運ぶ勇気はない。そう思うのであれば、エンプティ・チェア・テクニックを試してみましょう。

エンプティ・チェア・テクニックは、「空椅子の技法」と訳されています。もともとは、空の椅子に心の中で人物を置いて対話を進めることから、この名称で呼ばれるようになりました。

この技法は、空の椅子に、イメージのなかに浮かんできた自己や他者を座らせ、対話するものです。**対話を通じて、自分が何に悩んでいるのか、何を考えているのか自分の内面に気づくことができるようになります。**

エンプティ・チェアは、次のような手順で行います。

①紙に今の悩みを書き出す
A君が話を聞いてくれない！
②イスを２つ用意し、片方のイスに座る
③もう片方のイスには先ほど書いた紙を置き、もう１人の自分が座っているイメージを作る
④空いているイスに座っている自分に対して、悩みへのアドバイスをする
⑤空いているイスに移動し、悩んでいる気持ちを伝える
⑥気持ちがスッキリするまで④と⑤を繰り返す

この④と⑤を繰り返し、心がスッキリするまで続けます。

例えば、「学級の子どもが言うことを聞いてくれない」と悩んでいる教師がいたとします。空の椅子に、その子どもが座っていると仮定して、椅子へ向かって感じていることを言います。

「どうして、最近の君は言うことをきかない。何か、僕への不満でもあるというのか？」

一通り話した後、反対側の椅子に座ります。

そして、相手の子どもになったつもりで、言葉を発します。

「だって、先生、僕の話をぜんぜん聞いてくれないじゃないか。そんな態度なのに、僕にだけ話を聞けって、ずるいよ」

「そうか。僕は、知らず知らずのうちに、君をコントロールしようとしていたんだ。……君によくなってもらいたいという一心だったんだ」

この展開の中で、教師は子どもへ伝えたいことを言語化し、自らの気づきを得るのです。

本来カウンセリングは、カウンセラーがいて、クライアントとして受けるべきものですが、これは一人でも効果を得ることができる技法です。

また「教室」は椅子だってふんだんにあるため、エンプティ・チェアを行うための環境が整っています。

エンプティ・チェアは、人間関係がうまくいかないときに、サッと行うことのできる効果的な療法なのです。

大切なのは、対立した人物や、苦手な人間の立場を理解するために「空の椅子に座る」のではないということです。

自分の内側にあるさまざまな感情に気づき、受け入れていくプロセスを体験するためにエンプティ・チェアと対話するのです。

ある人物、出来事、概念に対してネガティブな感情や、否定的な考えを自分がもっているということを、十分に感じることが大切なのです。

教師の中に「ある」さまざまな感覚、感情を認めるためには、「ある」ことに気づく必要があります。それを、体験できるようにすることが目的なのです。

ポイント **エンプティ・チェアで、自分の感情を受け入れる。**

意識を「自分」と「今」に集中させる

自分を観察する

鏡に映る自分は、自分であって、自分ではありません。

「もう１人の自分」として捉えましょう。

そして、鏡の中の自分に対して話しかけると、あなたの脳は、「鏡の中の自分は自分だけど自分ではない」と認識します。これを繰り返すことで、自分自身を客観的に観察する感覚を身につけることができるのです。鏡の中の自分に、「今日もよい表情してるよ！」とか「今日もよくがんばったね！」などと話しかけることにより、メタ認知力が高まっていくのです。

ただし、くれぐれも周りに人がいないときに行うよう気をつけて。

ポイント **鏡の自分を「もう一人の自分」と見立てる。**

何かに没頭する

負の感情に陥ってしまった場合の対処法は、「何かに没頭する」ということです。学校にいるなら、事務作業でもいい。家のことなら、料理でも、マラソンでもいい。何かの活動をすることにより、意識を今に向けるのです。何かの活動に没頭しながら悩むというのは、なかなかできないものです。

あなたが頭にくること、怒っていること、悲しんでいること、不安に思うことは、「過去のこと」もしくは「未来のこと」です。

このように、意識が過去やまだ起きていない未来に行ってしまうことを、「マインドワンダリング」といいます。

「負の感情」に振り回されているのは、「今」を生きていない証拠なのです。「今」自分がなすべきことに集中することで、負の感情はコントロールすることができるのです。思いを巡らせるのは、過去でも未来でもありません。今です。

ポイント **「今」自分がなすべきことに集中する。**

休職する

休職しても、大丈夫！

「私が休んでしまえば、職場に大きな迷惑をかけてしまう……」と感じられるかもしれません。


実際のところ、あなたの代わりはいくらでもいるのです。

あなた自身が心の病気をこじらせてしまっては、元も子もありません。

選択肢に、病気休暇の取得を入れましょう。


2020年現在のシステムであれば、1週間までは、診断書なしに休むことができます。

それ以上で、90日以内であれば、病院の診断書が必要となります。

病院を受診し、医師から診断書をもらい、学校に提出します。

心療内科や、臨床心理士などもありますが、休職を前提とする場合は、精神科への相談が基本となります。

この90日の間は、給料も満額支給されます。

ただし、鬱病などが治るまでには、それ以上の期間を必要とすることもあります。

90日を過ぎた場合は、病気休職をすることになります。

この場合も、医師による診断書を提出します。

給与面については、1年間のみ8割支給となっています。

最大で3年間は、教員の身分が保障されることになっているのです。

1年より後については、給与が支給されなくなります。

ただし、学校共済組合に傷病手当金を申請することにより、「給与の3分の2の額」を支給してもらうことができるようになっています。

これだけの制度が整っているのです。

「もう無理だ」と感じたら、こじらせる前に休職しましょう。

私たち教師は、人間関係を中心とする難しい仕事に取り組んでいるのです。

休むことは、決して恥ずかしいことではありません。

学校のことは、教育委員会が講師を派遣してくれます。何とかなります。大丈夫です。

だから、心のエネルギーの回復に努めましょう。

少しずつ活動範囲を広げ、余裕があれば自己分析をしましょう。

自分と、じっくり向き合うのです。

自分の好きなことは何か。

自分のやりたいことは何か。

最大で3年も休めるのです。

時間はあります。

ゆっくり、心と体を休めましょう。

一番大切なのは、あなたの心と体です。

ポイント **心の病気をこじらせる前に、病気休暇を取得する。**

こじらせる前に心と体を休める

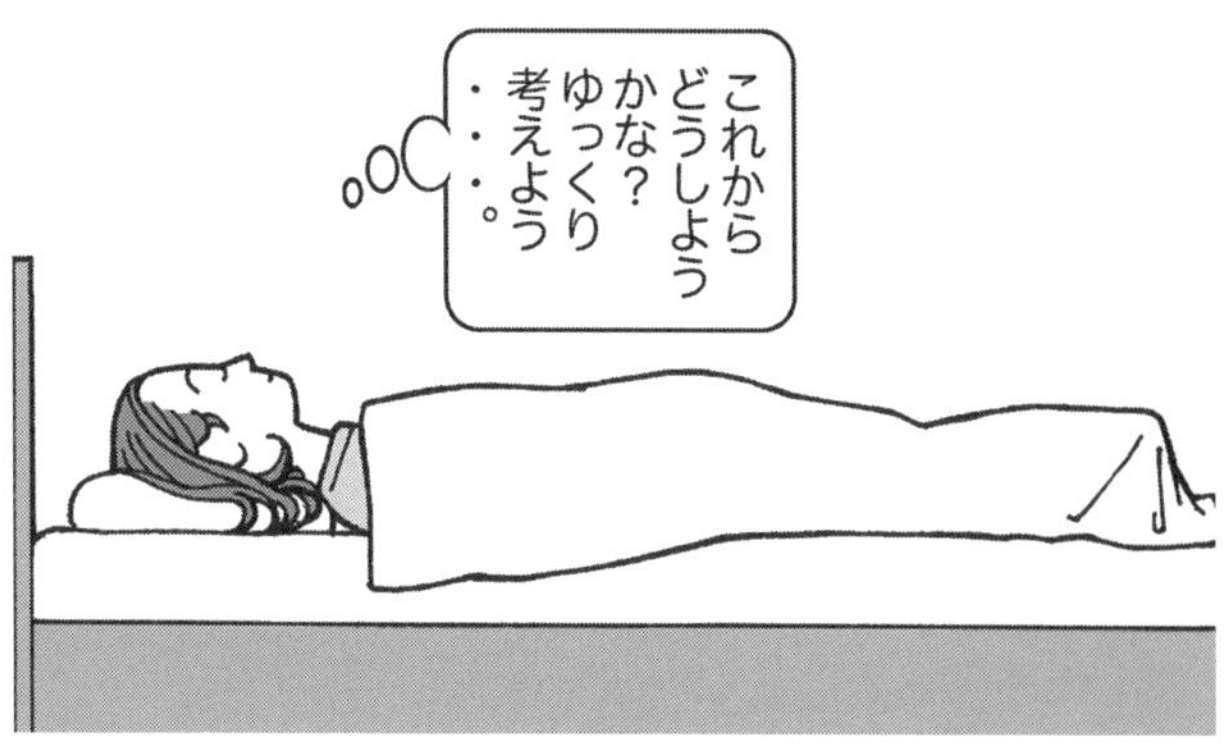

転勤する

日本中どこででも、教師の仕事は続けられる

学校の中で、人間関係がうまくいかなくなってしまうことは、ままあるものです。
子どもとうまくいかない。
同僚とうまくいかない。
保護者とうまくいかない。
もう、出勤したくない。
そう感じてしまうことも、あるかもしれません。
でも、考えてみてください。
あなたは、今勤めているその学校に勤めたくて教師になったのでしょうか。
ほとんどの場合、そうではないはずです。

だから実は、今の学校に留まらなくてはならない理由などないのです。

「転勤してしまうと、なんだか気まずくて……」なんてことは、留まる理由になりません。次の学校に転勤すれば、次の人間関係が待っています。新しい学校に行けば、人間関係もほとんどリセットできる。

これも、教師の仕事のよいところだと言えるのではないでしょうか。現在勤めている学校にこだわる必要はないのです。

職場内での人間関係に行き詰っているようであれば、転勤することも視野に入れてみてはどうでしょうか。

ポイント **転勤先で、新しい人間関係を構築する。**

同じ職場だと気まずい

転勤すれば心機一転

終わりに

実は、もともと、私自身があまり対人関係を得意としていませんでした。対人の悩みは絶えないほうでした。

若手教員の頃は、人間関係がうまくいかなくて、悩み抜く日々が続きました。

「もう教師は辞めてしまおうか」と考えていた矢先に、あるカウンセリング団体に参加したときに出会ったのが、「交流分析」の理論でした。

そこから、私は心の勉強を始めました。

教師の仕事は、コミュニケーションが中心です。

一番大きな「授業」という仕事そのものでさえも、子どもとの濃いコミュニケーションが求められます。

コミュニケーションを得意とする教師は、難なくできることでしょう。でも、人との関わりを苦手とする教師にとっては、至難の業です。

アドラーは言います。

「悩みをゼロにするには、宇宙でたったひとりきりになるしかない」

誰だって、生きていれば人間関係で悩むものです。

人間関係だらけで成り立つ教職という仕事に、コミュニケーションの難しさやストレスが生じるのは、ごく自然なことだと言えるでしょう。

だからこそ、コミュニケーションを学ぶことの重要性を私は感じています。

本書の執筆にあたっては、対人関係のみならず、根本的に自分自身のあり方から見つめなおすことができるようにしたいと考えました。

授業内や、トラブル、本当にうまくいかなくなってしまったときのことまで、できるだけ網羅して書くことができるように努めました。

みなさんが本来もっている魅力をほかの人に理解してもらえるようになり、いきいきとご活躍されることを、心よりお祈り申し上げます。

三好　真史

参考文献一覧

安部朋子 著（２００８）『ギスギスした人間関係をまーるくする心理学　エリック・バーンのＴＡ』西日本出版社

芦原　睦 著（１９９８）『エゴグラム　あなたの心には５人家族が住んでいる。』扶桑社

畔柳　修 著（２０１２）『職場に活かすＴＡ実践ワーク』金子書房

イアン・スチュアート 著（１９９１）『TA TODAY　最新・交流分析入門』実務教育出版

倉戸ヨシヤ 著（２０１１）『ゲシュタルト療法　その理論と心理臨床例』駿河台出版社

百武正嗣 著（２００４）『エンプティチェア・テクニック入門　空椅子の技法』川島書店

杉田峰康・国谷誠朗 著（１９８８）『脚本分析』チーム医療

田村耕太郎 著（２０１４）『頭に来てもアホとは戦うな！』朝日新聞出版

アルフレッド・アドラー 著（２０１４）『子どもの教育』アルテ

岸見一郎 著（１９９９）『アドラー心理学入門』ベストセラーズ

岩井俊憲 著（２０１４）『マンガでやさしくわかるアドラー心理学』日本能率協会マネジメントセンター

岸見一郎・古賀史健 著（２０１６）『幸せになる勇気』ダイヤモンド社

星　渉 著（２０１８）『「心が強い人」の人生は思い通り　神メンタル』ＫＡＤＯＫＡＷＡ

星　渉 著（２０１９）『「伝え方しだい」で人生は思い通り　神トーーク』ＫＡＤＯＫＡＷＡ

安田正著（2015）『超一流の雑談力』文響社
安田正著（2016）『超一流の雑談力「超・実践編」』文響社
戸田久実著（2019）『コミュニケーション大百科』かんき出版
野口敏著（2009）『誰とでも15分以上会話がとぎれない！話し方66のルール』すばる舎
井上智介著（2019）『職場の「しんどい」がスーッと消え去る大全』大和出版
谷厚志著（2017）『超一流のクレーム対応』日本実業出版社
大谷由里子著（2010）『話し上手な人のアドリブの技術』中経出版
茂木健一郎著（2018）『最高の雑談力　結果を出している人の脳の使い方』徳間書店
齋藤孝著（2010）『雑談力が上がる話し方』ダイヤモンド社
バルバラ・ベルクハン著（2009）『ムカつく相手を一発で黙らせるオトナの対話術』阪急コミュニケーションズ
DaiGo著（2019）『超人脈術』マキノ出版
三好真史著（2020）『教師の言葉かけ大全』東洋館出版社
堀裕嗣著（2011）『生徒指導10の原理100の原則』学事出版
桐生稔著（2020）『雑談の一流、二流、三流』明日香出版社
ヘンリック・フェキセウス著（2016）『影響力の心理』大和書房
樺沢紫苑著（2020）『精神科医が教えるストレスフリー超大全』ダイヤモンド社
妹尾昌俊著（2020）『教師崩壊』PHP研究所

植木清直 著（2005）『交流分析エゴグラムの読み方と行動処方』鳥影社
深沢孝之監（2014）『「アドラー心理学」で人生が劇的に変わる！「ブレない自分」のつくり方』PHP研究所
城ケ﨑滋雄 著（2017）『高学年児童と「ぶつからない」「戦わない」指導法！』学陽書房
中嶋郁雄 著（2014）『高学年児童、うまい教師はこう叱る！』学陽書房
齋藤 孝 著（2003）『質問力』筑摩書房
木山泰嗣 著（2017）『弁護士だけが知っている反論する技術反論されない技術』ディスカヴァー・トゥエンティワン
リップシャッツ信元夏代 著（2020）『世界のエリートは「自分のことば」で人を動かす』フォレスト出版
中谷彰宏 著（2007）『なぜあの人は人前で話すのがうまいのか』ダイヤモンド社
三好真史 著（2017）『子どもが変わる3分間ストーリー』フォーラム・A
田辺 晃 著（2019）『嫌われずに人を動かす すごい叱り方』光文社
片田珠美 著（2015）『賢く「言い返す」技術』三笠書房
土作 彰 著（2013）『絶対に学級崩壊させない！ここ一番の「決めゼリフ」』明治図書出版
菊池省三 著（2012）『菊池省三の話し合い指導術』小学館
中村健一 著（2015）『策略 ブラック学級づくり』明治図書出版
河野英太郎 著（2013）『99％の人がしていないたった1％のリーダーのコツ』ディスカヴァー・トゥエンティワン

三 好 真 史

大阪教育大学教育学部卒
堺市立小学校教諭
メンタル心理カウンセラー
大阪ふくえくぼ代表

著書に『教師の言葉かけ大全』（東洋館出版社）
『学級あそび101』（学陽書房）など、他多数。

教師のコミュニケーション大全

2021（令和3）年 2 月26日　初版第1刷発行
2022（令和4）年 6 月 3 日　初版第2刷発行

著　　者　三好真史
発 行 者　錦織圭之介
発 行 所　株式会社　東洋館出版社
〒113-0021　東京都文京区本駒込 5-16-7
営業部　TEL：03-3823-9206
FAX：03-3823-9208
編集部　TEL：03-3823-9207
FAX：03-3823-9209
振　替　00180-7-96823
U R L　https://www.toyokan.co.jp
[装　丁] 中濱健治
[本文デザイン] 竹内宏和（藤原印刷株式会社）
[イラスト] 丸口洋平
[印刷・製本] 藤原印刷株式会社

ISBN978-4-491-04362-3　　Printed in Japan